Édition publiée par Michel Lafon
avec l'aimable autorisation de Parragon
Copyright © 2005 pour l'édition française Parragon
Réalisation : ML Éditions, Paris
Traduction : Christine Chareyre

Copyright © 2004 Parragon

Parragon
Queen Street House
4 Queen Street
Bath BA1 1HE
Royaume-Uni

Photographe : Bob Langrish
Texte : Nicola Jane Swinney

Tous droits réservés. Aucune partie de ce livre ne
peut être reproduite, stockée ou transmise par quelque moyen
électronique, mécanique, de reprographie, d'enregistrement
ou autre que ce soit sans l'accord préalable des ayants droit.

ISBN 2-7499-0354-8

Imprimé en Chine
Printed in China

SOMMAIRE

PRÉFACE DE GÉRARD KLEIN
6

HOMMAGE AU CHEVAL
8

1. CHEVAUX SAUVAGES
10

2. CHEVAUX ARABES
42

3. CHEVAUX IBÉRIQUES
72

4. CHEVAUX D'EUROPE
104

5. CHEVAUX DES AMÉRIQUES
132

6. PONEYS DU MONDE
164

7. POULAINS
198

8. CHEVAUX DE TRAIT
226

GLOSSAIRE
256

LES PLUS BEAUX CHEVAUX DU MONDE

# PRÉFACE
## DE GÉRARD KLEIN

*Lorsque mon éditeur est venu me demander une préface pour ce superbe
livre consacré aux plus beaux chevaux du monde, je n'ai pu m'empêcher
d'esquisser un sourire. Pourquoi moi ? Pourquoi pas…
C'est vrai, tout me ramène au cheval, à sa force, à son indépendance.
Ceux qui me connaissent, ou qui ont la gentillesse de suivre mon parcours dans
les magazines et autres médias, savent à quel point ma vie d'homme a toujours pris le pas
sur ma carrière d'acteur ou d'animateur. Partir au bout du monde du jour au lendemain,
renoncer là, tout de suite, à l'aisance d'une vie de célébrité, m'évader au plus vite
vers de vastes territoires : rien de cela ne m'a jamais posé problème. Certains esprits chagrins
ont critiqué mes choix. Seulement voilà : je me sens libre, je suis libre !
Mon amour de la campagne, de ses pâturages, de ses petites bicoques oubliées ici et là me
rapproche irrésistiblement de ces champs où galopent encore de fiers étalons, où paissent de
tranquilles percherons, et où j'aime moi-même me balader à la rencontre de la nature.
Le cheval, la nature et la liberté : je ne vois rien de plus plaisant.
Et lorsque je parcours les pages de ce magnifique album, lorsque je vois ces
chevaux arabes à la robe gris perlé, ou ces sombres andalous, ou encore ces poneys
du Connemara… il me prend à nouveau des envies d'escapade.
Attention, ce livre est dangereux ! Il pourrait bien vous entraîner très loin, vous redonner
envie de galoper sans contrainte, à l'autre bout de la Terre, loin des mesquineries de
la vie quotidienne, dans les grands espaces naturels qui nous rappellent à la fois l'humilité
de notre condition et la chance que nous avons d'appartenir au monde.
Bien sûr, vous n'allez pas tout quitter sur un « destrier plein de fougue », moi non plus.
Mais vous l'aurez quand même fait, le voyage, au fil de ces pages d'évasion et de rêve,
en compagnie des plus beaux chevaux du monde ! Vous reviendrez enchanté.
C'est ça la magie des beaux livres : la porte ouverte vers un ailleurs éblouissant,
et pourtant à la portée de vos yeux.*

# G. K.

LES PLUS BEAUX CHEVAUX DU MONDE

# HOMMAGE AU CHEVAL

Depuis les temps les plus reculés, le cheval, indissociable de notre quotidien, ne cesse de nous fasciner. Voilà maintenant trente ans que je photographie avec passion cet animal extraordinaire, mélange de puissance et d'agilité.

Il n'est jamais facile de photographier le cheval en liberté, en pleine nature – qu'il s'agisse d'approcher un groupe de mustangs nerveux en avançant à quatre pattes sur un terrain rocailleux, ou d'attirer à soi, en le cajolant, un nouveau-né sous la protection de sa mère. Pour y parvenir, il est essentiel d'appréhender la nature du cheval – de connaître son comportement, de percevoir son instinct de survie, ô combien développé.

Dans un pré, il suffit souvent de quelques minutes pour prendre l'unique photo qui le représente le plus à son avantage, au galop rassemblé, allongé – qui le révèle dans toute sa puissance –, ou au trot aérien, dans lequel il avance comme suspendu en l'air, les quatre sabots au-dessus du sol. L'étalon exécute dans le pâturage une figure qu'il répète à l'infini jusqu'à ce que l'excitation laisse la place à la curiosité. C'est alors, au moment où il dirige son regard vers le photographe, que celui-ci peut le mieux capter sa personnalité.

Souvent, le photographe parvient à attirer l'attention de son sujet en émettant différents bruits, par exemple le grognement de l'ours. Surpris, le cheval tourne aussitôt sa tête vers lui comme pour demander de quoi il s'agit, dévoilant son vrai visage.

La spontanéité et la curiosité naturelle des poulains se prêtent à la réalisation de photos exceptionnelles. Si vous surprenez un groupe de yearlings, ils s'enfuient, se rassemblent et reviennent vers vous en troupeau pour vous examiner, les oreilles en avant et les yeux exorbités. Les foals, quant à eux, se cachent toujours derrière leur mère. Mais il suffit au photographe de rester assis tranquillement au milieu d'un groupe pour tisser rapidement des liens et prendre de superbes clichés.

Lorsque l'on pénètre sur le territoire du cheval, il est prudent d'avoir conscience de ses instincts et de respecter son comportement. Sinon, en ignorant son langage, on risque de l'effrayer ou de mettre sa propre sécurité en danger.

J'ai photographié des chevaux dans le monde entier, sur tous les continents – des troupeaux de chevaux russes dans les montagnes du Caucase, aux mustangs sauvages d'Amérique du Nord. Plus de 190 races au total, des miniatures aux plus grandes. J'ai eu le privilège d'approcher certains des plus beaux et des plus précieux équidés de la planète.

À travers mon travail de photographe, c'est l'esprit du cheval que je m'attache à restituer, c'est ma passion pour cet animal hors du commun que j'espère communiquer.

*Bob Langrish*

Mon histoire d'amour avec les chevaux ? Regardez ! Comment ne pas succomber d'admiration, d'adoration pour eux à la vue des somptueuses photos qui illustrent cet ouvrage ?

Il paraît difficile d'imaginer que ces animaux superbes, généreux et intelligents, ne suscitent aucune émotion chez certaines personnes. Pourtant, mes parents en font partie. Ils n'ont jamais réussi à comprendre ma fascination pour tout ce qui touche aux chevaux, à partir du moment où j'ai découvert leur existence. Comme beaucoup d'autres, j'ai passé mon enfance à leurs côtés – je les ai soignés, nettoyés, montés, je me suis enivrée de leur douce odeur, si caractéristique. Le cheval a véritablement façonné mes jeunes années.

Mais le cheval est bien davantage qu'un animal qui se laisse apprivoiser ou monter. Certains parlent de leur cheval ou de leur poney comme d'une personne. Un tel comportement peut paraître bizarre. Pourtant, tous ceux qui entretiennent une relation privilégiée avec le cheval vous le diront – c'est une personne à part entière, à la personnalité bien définie.

Si le cheval fait partie intégrante de notre quotidien depuis des siècles, nous avons souvent tendance à oublier qu'il est essentiellement un animal sauvage. C'est nous qui changeons radicalement sa vie de manière qu'il s'adapte à la nôtre. Heureusement, des troupeaux évoluent encore à l'état sauvage, et c'est à la fois un immense plaisir et un grand privilège de les découvrir dans leur milieu naturel, de les regarder s'ébattre, d'être témoin de leur joie de vivre.

Je me souviens d'une nuit d'avril, il y a plusieurs années, pendant laquelle il avait beaucoup neigé. Nous avions dû rentrer à la hâte les juments et les poulains, vers quatre heures du matin, dans un froid hivernal. Tout ensommeillés, nous avons couru pendant une heure après les poulains à travers le pré. Pensant que c'était un jeu, ils nous laissaient approcher et effleurer leur licou avant de nous échapper en courant, caracolant, s'ébrouant bruyamment dans l'air glacial. Comme peuvent le faire des chevaux dignes de ce nom.

Dans cet ouvrage, vous ne découvrirez pas de photos de chevaux montés ou harnachés, mais libres – tels que furent à l'origine ces magnifiques animaux. Du plus petit foal au plus grand shire, la noblesse sans pareille du cheval est représentée dans toute sa diversité.

Chacun de nous a bien sûr son favori, et sans doute trouverez-vous le vôtre au fil de ces pages. Vous laisserez-vous séduire par le charme mutin d'un poney welsh ou par la beauté éthérée de l'arabe ? Envoûter par le panache de l'andalou ou impressionner par le port altier du frison ? À moins que, comme moi, vous ayez de la peine à élire un préféré ! Il me reste à espérer que cet ouvrage vous comblera autant que j'ai pris de plaisir à l'écrire, et que mes mots feront écho aux superbes images pour vous révéler la nature authentique et attachante du cheval.

*Nicola Jane Swinney*

Chapitre 1
# CHEVAUX SAUVAGES

LES PLUS BEAUX CHEVAUX DU MONDE

# CHEVAUX SAUVAGES

*Pour le passionné de cheval, la nature essentiellement sauvage de ce magnifique animal, totalisant une demi-tonne d'os et de muscles, contribue largement à la fascination qu'il exerce.*

Nous sommes si habitués à voir le cheval domestiqué, qu'il s'agisse des montures des écoles d'équitation ou des dociles poneys dans les parcs, que le découvrir dans son milieu naturel – en Camargue, dans les montagnes d'Europe ou les grandes plaines d'Amérique du Nord – nous déconcerte. Nous oublions qu'il fait partie de notre vie par sa nature même, pas simplement du fait de notre intervention.

Aucun autre animal que lui n'a jamais vécu si proche de l'homme, ne l'a fasciné autant, et depuis si longtemps. Depuis les débuts de sa domestication, il est parti docilement avec lui à la guerre, il est devenu son principal moyen de transport, puis son compagnon dans les loisirs et son associé dans les compétitions. De tout temps, sa destinée a été étroitement liée à celle de l'homme. Pourtant, de vastes étendues de notre planète sont toujours peuplées de chevaux sauvages, et il reste à espérer qu'il en sera toujours ainsi. Partout où domine la loi de la survie du plus fort chère à Darwin, le cheval continuera à vivre, à prospérer, à être le complice de l'homme.

Naturellement grégaire, le cheval évolue en troupeaux. Tous les propriétaires savent que des chevaux rassemblés dans un pâturage ont tendance à se regrouper selon un ordre hiérarchique, même s'ils appartiennent à des races différentes.

**Ci-dessus :** *La petite stature du cheval de Prjevalski cache une nature agressive et sa capacité à survivre dans un environnement hostile.*

**Page de droite :** *Le cheval de Prjevalski serait le dernier des chevaux sauvages. En 2003, un petit troupeau a été relâché à l'état sauvage dans le Kazakhstan – pendant des années, les seuls spécimens existants ont vécu en captivité.*

> *« Le cheval de Prjevalski est considéré comme le dernier des véritables chevaux ou poneys sauvages. »*

**Pages précédentes :** *Le cheval de Prjevalski assure la liaison entre les chevaux primitifs et les races modernes.*

De même, à l'état sauvage, les chevaux forment instinctivement des troupeaux, qui comprennent généralement plusieurs familles composées d'un étalon, de cinq ou six juments et de leur progéniture. Ils dorment, jouent et mangent ensemble – un cheval sauvage peut brouter pendant quatorze heures par jour –, tout en restant en état d'alerte permanent.

Bien que, durant la saison des amours, les étalons se battent pour la domination des femelles, le troupeau est habituellement supervisé par les juments âgées, qui s'efforcent de contenir la vigueur des plus jeunes, notamment les mâles. Mais si les étalons domestiqués sont généralement plus dominants et imprévisibles que les juments, les femelles des troupeaux sauvages peuvent se montrer tout aussi agressives.

L'association de remarquables aptitudes physiques et d'attributs sensoriels très développés contribue à la sécurité du cheval sauvage – énergie et vitesse foudroyante pour échapper aux prédateurs, vue et audition fines lui permettant de détecter la moindre menace. Pour survivre à l'état sauvage, le cheval doit choisir entre le combat ou la fuite. Ses grandes dents proéminentes lui servent d'armes, notamment lors des affrontements entre mâles.

Depuis la position debout, un cheval peut atteindre en trois ou quatre secondes une vitesse de 70 km/h. Le large écartement de ses yeux lui autorise une vision presque panoramique, tandis que ses oreilles, extrêmement mobiles, jouent le rôle de radars. Le nombre est garant de sécurité, un prédateur étant facilement perturbé par un groupe d'animaux galopant dans tous les sens – offrant une surabondance soudaine de proies, plutôt que plusieurs festins séparés. La théorie de Darwin intervient là aussi ; lorsqu'un prédateur parvient à isoler un animal du groupe, c'est généralement un sujet âgé, affaibli ou malade, les autres, plus forts et en meilleure santé, pouvant continuer à vivre et à prospérer en paix. La structure sociale du troupeau, dans laquelle la coopération va de pair avec la vigilance, assure la sécurité de l'individu. Elle permet aux membres du troupeau de se nourrir, de jouer et de se reposer à l'abri du danger.

Le plus célèbre – pour ne pas dire le plus ancien – des équidés sauvages est le cheval de Prjevalski ou, plus précisément, le poney, puisque cette race mesure entre 1,20 m et 1,40 m au garrot. Il doit son nom à un explorateur russe, le colonel Nikolaï Mikhaïlovitch Prjevalski, qui découvrit quelques spécimens dans les Tachin Shara Nuru – ou « monts du Cheval jaune » –, à l'ouest du désert du Gobi, en 1879. Ce serait le dernier des véritables chevaux ou poneys sauvages.

Également dénommé cheval sauvage de Mongolie, cet animal primitif assure la liaison entre les chevaux les plus anciens et les races modernes. Il diffère de son descendant domestique par le nombre de chromosomes – 66 au lieu de 64. Sa petite stature cache une nature féroce et agressive. Cet animal à la conformation solide a dû s'adapter à l'existence rude des steppes russes et des montagnes de Mongolie, où la maigre végétation et les rigueurs du climat ont façonné son pouvoir d'endurance. On pense qu'il migre vers le nord en hiver et repart vers le sud au printemps.

Selon Charles Darwin, tous les chevaux domestiques descendent d'une seule souche primitive, de couleur brun grisâtre, plus ou moins rayée, dont le Prjevalski semble être le représentant, avec sa robe isabelle, son bout du nez blanc et ses marques claires autour des yeux, sa raie de mulet et ses zébrures sur les membres.

Au cours de l'été 2003, huit chevaux de Prjevalski – dont des juments pleines –, élevés en captivité, ont été libérés dans le Kazakhstan, où la race était éteinte depuis une soixantaine d'années.

Ci-dessus : *Issu d'un mélange de races, le mustang sauvage d'Amérique du Nord n'a pas de standard bien défini. La couleur de sa robe varie, mais il est toujours robuste, possédant des pieds durs et une constitution solide.*

Ci-contre : *On pense que le mustang vit dans les plaines d'Amérique du Nord depuis environ sept cents ans. Il aurait été introduit dans le Nouveau Monde au XVIIe siècle par les conquérants espagnols.*

AU LEVER DU JOUR, dans la brume qui enveloppe les vastes étendues de l'Ouest américain, le silence est soudain rompu par le cri d'un aigle. Une tête se dresse au-dessus d'une harde de chevaux qui se réduisait jusqu'alors à une ombre. Une autre, puis une autre. Les yeux sont grands ouverts, les oreilles dressées. En un seul ensemble, le troupeau s'ébroue et part au galop, ne laissant derrière lui qu'un nuage de poussière et l'écho des sabots. Le mustang est familier des amateurs de westerns et de rodéo. Ce petit cheval robuste peuple les grandes plaines d'Amérique du Nord – probablement depuis environ sept siècles.

Le terme de mustang est dérivé de l'espagnol *mestengo*, signifiant « égaré » ou « sans maître ». On pense que la race aurait évolué à partir de spécimens introduits au XVIIe siècle par les conquérants espagnols. Certains s'enfuirent et formèrent des troupeaux vivant à l'état sauvage. Ils sont réputés pour leur timidité et leur crainte de l'homme – ce qui ne paraît guère surprenant, vu les traitements qu'ils ont subis au fil du temps. Néanmoins, comme la plupart des équidés, ils peuvent être apprivoisés, notamment pour le travail du bétail – ils sont renommés pour leur vitesse et leur agilité.

**Ci-dessus :** *Le mustang peut être de différentes couleurs, les plus répandues étant l'isabelle et le bai, auxquelles s'ajoutent le pie, le palomino, le noir et le gris.*

**Page ci-contre :** *On pense que les premiers mustangs étaient des chevaux introduits par les Espagnols, qui se rassemblèrent pour former des troupeaux.*

Les chevaux étaient sans doute éteints en Amérique du Nord depuis plus de dix mille ans avant l'arrivée des conquérants espagnols, mais des fossiles découverts aux États-Unis y attestent la présence des premiers équidés.

L'évolution du cheval est l'une des plus connues et des mieux répertoriées de toute la science. Le nombre de doigts a diminué et sa taille a augmenté progressivement – le premier *Eohippus*, ou « cheval primitif », n'était pas plus gros qu'un renard. On pense que dix-neuf espèces d'équidés peuplaient l'Amérique du Nord il y a quinze millions d'années.

Chassée pour sa viande par l'homme et par ses prédateurs, et pour d'autres raisons que nous ignorons, la population équine déclina jusqu'à son extinction, dans l'isolement du continent. Mais l'arrivée des Espagnols et de leurs montures allait changer radicalement la destinée des équidés.

Les premières importations sur le continent américain comprenaient l'andalou espagnol (chapitre 3), le sorraia portugais, le barbe marocain, et des descendants de ces races apparaissent de temps en temps dans les troupeaux sauvages. Le mustang est essentiellement un petit cheval trapu, toisant entre 1,30 m et 1,60 m au garrot. Depuis son arrivée en Amérique, il a été croisé avec d'autres races comme le morgan, le frison et le pur-sang.

Issus de mélanges de races, les troupeaux sauvages n'ont pas de standard défini. Ils présentent de grandes variantes dans la couleur, la forme et la taille, même s'ils ont en commun des sabots durs, des membres solides et une constitution robuste. Les couleurs les plus répandues sont l'isabelle, avec la crinière et la queue blanches, et le bai, mais on rencontre aussi des spécimens pie, palomino et noirs.

*« L'évolution du cheval est l'une des plus connues et des mieux répertoriées de toute la science. »*

LES PLUS BEAUX CHEVAUX DU MONDE

L'absence d'élevage sélectif déboucha au XIXe siècle sur un cheval à tête camuse, à l'encolure de cerf, au dos creux et aux jarrets cagneux. L'horrible conformation du mustang était bien éloignée de l'idéal romantique du cheval sauvage !

Mais s'il n'a pas la présence et la puissance de l'andalou, ni la grâce de l'arabe, le mustang, robuste et résistant, est apte à survivre dans le milieu le plus hostile, capacité qui l'a sauvé. Au début du XXe siècle, la population des chevaux sauvages aux États-Unis s'élevait à un ou deux millions. Mais il fut chassé pour sa viande et capturé afin de réserver au bétail les précieux pâturages. Au début des années 1970, la population de chevaux sauvages se réduisait à vingt mille individus à peine. Le « trafic des mustangs », englobant notamment leur capture, devint une activité très lucrative.

**Ci-dessus et pages précédentes :** *Depuis 1971, les mustangs sont protégés aux États-Unis par une loi sur les chevaux et ânes sauvages, le* Wild Horse and Burro Act.

**En haut, à droite :** *Toujours en état d'alerte, le mustang sauvage avait jadis toutes les raisons de craindre l'homme.*

**Ci-contre et en bas, à droite :** *Ces jeunes mustangs, sous la protection de leur mère, devront faire preuve de résistance pour survivre dans un milieu hostile.*

Les méthodes de capture et d'abattage utilisées étaient souvent brutales – les chevaux étaient rassemblés par les cow-boys à l'aide de camions et d'hélicoptères, les animaux blessés mourant sur place. Le cheval paraissait menacé d'une deuxième extinction en Amérique du Nord.

Grâce à la campagne nationale menée par une femme, Velma Johnston – surnommée « Annie Cheval sauvage » –, une loi votée en 1959 interdit l'emploi d'avions et de véhicules à moteur pour chasser les chevaux et ânes sauvages sur les terres fédérales. Elle fut suivie d'une autre loi, en 1971, qui déclarait le mustang espèce protégée, sous les auspices du *Bureau of Land Management* (Bureau de gestion du territoire).

Il est difficile, pour les amoureux du cheval, d'imaginer ces animaux sauvages massacrés pour être mangés. Comment se représenter un cheval, n'importe lequel, sinon en se voyant en selle – traverser de vastes étendues au galop, sentir sa puissance, son énergie, au moment où il contracte ses muscles pour franchir une haie, un fossé ou un ruisseau ? Certains prétendront que le mustang n'est pas apprivoisable, mais c'est faux. Réputé rebelle, il est au contraire très docile et capable de tisser des liens avec l'homme.

Les Indiens d'Amérique seraient les premiers à avoir apprivoisé le mustang, qui changea leur vie. Une fois qu'ils eurent maîtrisé l'art de monter les chevaux sauvages, ces chasseurs de buffles étaient à force égale avec leurs proies, jusqu'alors plus rapides qu'eux.

**Ci-dessus :** *Au début du XXᵉ siècle, la population de mustangs en Amérique du Nord était estimée à un ou deux millions d'individus, nombre qui se réduisit bientôt à vingt mille seulement.*

**Ci-contre et en bas, à gauche :** *Robuste, agile et rapide, le mustang s'est révélé très précieux tant pour les Indiens que pour les colons.*

**Ci-dessus :** *Petit cheval trapu, le mustang présente nombre de caractéristiques héritées de ses ancêtres espagnols.*

**Ci-contre :** *Quelques membres d'un petit troupeau se désaltèrent dans un abreuvoir payé par des dons.*

## CHEVAUX SAUVAGES

Pour les Indiens d'Amérique, le cheval était un symbole de richesse et de prestige. Indispensable à la guerre, il avait une valeur marchande, qui permettait d'acheter une femme – ou toutes sortes de biens. Lorsque le chef d'une tribu mourait, ses chevaux étaient sacrifiés pour l'accompagner dans l'au-delà.

Bientôt les hommes blancs apprécièrent le mustang comme moyen de transport encore plus que pour sa viande. Ce petit cheval semble posséder le «sens du bétail» – instinct qui lui permet d'anticiper les mouvements des bovins, en faisant la monture privilégiée des cow-boys.

De nos jours, cet atout se révèle dans les concours d'épreuves western, où excelle le mustang. La race est également appréciée dans les rodéos et les loisirs équestres. Le mustang est toujours une espèce protégée : le *Bureau of Land Management* supervisant les troupeaux a mis en place un plan destiné à assurer l'avenir des chevaux sauvages d'Amérique.

« Pour les Indiens d'Amérique, le cheval était un symbole de richesse et de prestige. Indispensable à la guerre, il avait une valeur marchande, qui permettait d'acheter une femme – ou tout autre bien. »

**Ci-contre :** *Bien que dépassant rarement 1,40 m au garrot, les poneys sauvages partagent les caractéristiques des chevaux, témoignant de leur ascendance commune.*

# CHEVAUX SAUVAGES

Ci-dessus et à droite : *Malgré la maigre nourriture disponible sur les îles marécageuses d'Assateague et de Chincoteague, sur la côte est de l'Amérique du Nord, les poneys indigènes s'en accommodent parfaitement.*

« *Intelligent et polyvalent, le chincoteague est la monture idéale pour les enfants qui apprécient son tempérament joyeux et sa robe composée.* »

Ci-contre : *Une jument et son poulain arborent les robes pie, typiques des troupeaux sauvages, bien que les couleurs unies se rencontrent aussi parfois.*

« À MINUIT, la houle avait considérablement grossi, et la lune n'apparaissait que par intermittence à travers les nuages qui filaient à vive allure. La tempête se déchaînait, les vagues déferlaient sur les ponts. Le vacarme de la mer et les hurlements du vent couvraient les cris de terreur des chevaux. » Légende ou réalité ? Nul ne le saura jamais. Les poneys auraient atteint la côte à la nage, suite au naufrage de navires espagnols. C'est ce que prétend une théorie concernant l'origine des poneys d'Assateague et de Chincoteague, îles situées à quelques encablures des côtes de Virginie. De manière plus prosaïque, ces poneys sont probablement les descendants des chevaux introduits par les premiers colons, et l'on pense qu'ils sont d'origine espagnole. Quoi qu'il en soit, des chevaux sauvages peupleraient ces îles depuis environ trois cents ans, survivant de la maigre pâture des marécages.

Bien que de petite stature, toisant en moyenne 1,20 m au garrot, ils partagent certaines caractéristiques avec les chevaux. Leur existence était peu connue jusqu'aux années 1920, et ils sont désormais sous la protection de la brigade des sapeurs-pompiers de Chincoteague, qui supervise les deux îles.

Deux troupeaux vivent sur Assateague, inhabitée par l'homme. L'île, basse et balayée par les vents de l'Atlantique, est occupée en partie par des marais sablonneux. Un proverbe local prétend que le poney de Chincoteague « est capable

d'engraisser avec une dalle de ciment » – en d'autres termes, il se satisfait d'une nourriture frugale.

Très intelligent et polyvalent, c'est la monture idéale pour les enfants, qui apprécient sa nature joyeuse et sa robe composée – la plupart des poneys sont pie, certains présentant des robes simples. Un apport de sang arabe a amélioré la qualité des troupeaux. Chaque année en juillet, les poneys sont rassemblés à Assateague, puis dirigés à la nage vers Chincoteague, où a lieu une vente aux enchères. Les spécimens non vendus rejoignent leur île le lendemain par le même moyen.

**Ci-dessus et ci-contre :** *Des chevaux sauvages peupleraient les îles d'Assateague et de Chincoteague depuis trois cents ans, survivant grâce aux maigres ressources des marais.*

# CHEVAUX SAUVAGES

« Selon une théorie répandue, les poneys auraient rejoint la côte à la nage suite au naufrage de navires espagnols. »

**Ci-contre :** *La petite stature et la résistance de ces poneys sont attribuées à la maigre végétation qui pousse sur les îles.*

LES PLUS BEAUX CHEVAUX DU MONDE

« *Le terme de brumby dériverait du mot aborigène* baroomby, *signifiant sauvage.* »

Bien que considéré par certains comme l'emblème national de l'Australie, le brumby – le seul équidé sauvage du continent – a été de tout temps la plus persécutée de toutes les races sauvages.

Les chevaux sont arrivés en Australie en 1788 avec la *First Fleet* (« première flotte »), qui apportait des pur-sang anglais et des spécimens espagnols. Seuls les hommes et les animaux les plus résistants survécurent aux rigueurs du voyage par mer. D'autres pur-sang furent introduits plus tard, ainsi que des arabes et des poneys. Comme le mustang américain, le brumby descend de ces premières importations.

En Australie, le brumby est considéré comme un animal nuisible, disputant la nourriture et l'eau au bétail. L'absence d'élevage sélectif a engendré des sujets de qualité médiocre, qui ne peuvent pas toujours être montés en raison de leur nature rebelle. Le terme de brumby serait dérivé de l'aborigène *baroomby*, signifiant « sauvage ».

Lorsque les troupeaux sauvages se furent adaptés au milieu et au climat, ils se révélèrent des reproducteurs prolifiques, essaimant à travers tout le pays. Ils furent chassés pour leur viande ou poursuivis en hélicoptère par les éleveurs de bétail qui les abattaient au fusil automatique, pour préserver les pâturages. Les réserves d'eau leur furent interdites.

La population du brumby comprendrait actuellement entre trois cent et six cent mille individus. Mais lors de l'été 2003, le brumby fut victime d'une nouvelle mesure lui interdisant l'accès au parc national de Namadgi à Canberra.

Heureusement, une prise de conscience nationale s'est développée depuis quelques années, et les sociétés de défense du brumby se mobilisent en Australie pour préserver ces chevaux sauvages des Antipodes.

**Ci-contre et en haut :** *Disputant la nourriture et l'eau au bétail dans un milieu hostile, le brumby est considéré comme un fléau en Australie.*

# CHEVAUX SAUVAGES

**Ci-dessus :** *Le pelage blanc, épais, du cheval de Camargue le protège des rigueurs de l'hiver et des vents violents qui balaient les marécages du delta du Rhône.*

**En haut, à droite :** *Les chevaux sauvages de Camargue sont surnommés les « chevaux blancs de la mer ». Une trentaine de troupeaux, ou manades, y vivent actuellement.*

**Ci-contre :** *Les chevaux de Camargue parviennent toujours à se nourrir de roseaux et d'herbes rabougries.*

Elles évoquent des fantômes dans la brume matinale, ces silhouettes grises, presque silencieuses, traversant les marais. Seuls quelques hennissements ou le bruit des sabots dans l'eau révèlent leur présence. Ce sont les chevaux sauvages de Camargue, région méridionale de la France comprise entre les deux bras du delta du Rhône. La nourriture est maigre sur ces terres balayées par le mistral, vent du nord froid et violent, la végétation se réduisant aux roseaux et à des herbes rachitiques.

Malgré la rigueur des hivers, ces animaux robustes – surnommés « les chevaux blancs de la mer » – y prospèrent et s'y reproduisent. Noire, brune ou gris foncé à la naissance, la robe s'éclaircit avec l'âge.

Le pelage blanc, épais, offre une excellente protection contre les températures hivernales de la Camargue – sauf si les chevaux sont mouillés par la neige, ce qui est heureusement pour eux assez rare dans cette région méditerranéenne.

La population du camargue compte une trentaine de troupeaux, ou manades, comprenant environ 45 étalons et 400 juments. Dans de nombreuses régions de la Camargue, les chevaux sont élevés pour améliorer l'état du sol ; sans les troupeaux qui y pâturent, il se recouvrirait de buissons et de broussailles, deviendrait impénétrable et tomberait en friche.

Généralement capturés et castrés pour servir de montures aux gardians, les étalons sont peu nombreux. Seuls quelques élus restent entiers. Ils sont sélectionnés par les propriétaires de mas pour la reproduction.

Chaque année, pendant deux mois, à partir d'avril, l'étalon choisi suit un troupeau dont il devient le mâle dominant. Les confrontations entre étalons donnent lieu à de violents combats. Le mâle dominant s'accouple plusieurs fois avec les juments en chaleur, sous l'œil curieux du reste du troupeau.

La jument est généralement en état de procréer à partir de la quatrième année et le reste pendant les quinze suivantes, mettant bas à chaque printemps. De croissance lente et de petite stature – dépassant rarement 1,40 m au garrot –, le camargue est renommé pour sa longévité, dépassant largement vingt-cinq ans.

Bien que vivant probablement dans la région depuis la préhistoire – étant donné sa ressemblance avec des peintures rupestres anciennes –, le camargue n'est reconnu comme race que depuis 1968.

Il possède une bonne ossature et une constitution solide. Son pelage blanc et épais offre une excellente protection contre les éléments, ses pieds sont généralement durs et larges. Ce n'est toutefois pas un modèle de beauté – la tête grosse et carrée, l'encolure courte composant une silhouette d'allure plutôt primitive. Mais le camargue compense son manque de charme par ses aptitudes physiques. Sa vigueur et ses allures relevées sont très appréciées des gardians, qui s'en servent pour rassembler les féroces taureaux noirs de la région.

Depuis qu'une partie de la Camargue est devenue réserve nationale, le cheval blanc de la mer participe à l'activité touristique – élément indissociable des paysages à la beauté préservée.

**Ci-contre :** *Les chevaux de Camargue contribuent à la préservation de l'environnement – sans les troupeaux qui broutent la végétation, de vastes étendues deviendraient impénétrables et le sol tomberait en friche.*

CHEVAUX SAUVAGES

Chapitre 2
# CHEVAUX ARABES

LES PLUS BEAUX CHEVAUX DU MONDE

# CHEVAUX ARABES

*S'il est une race qui symbolise à merveille l'esprit
du cheval, c'est certainement l'arabe. Il semble tout
droit sorti des contes de fées, avec sa beauté éthérée
qui fait rêver les petites filles.*

DE PETITES OREILLES INCURVÉES, de grands yeux brillants, un chanfrein concave, une queue et une crinière soyeuses et luxuriantes – l'arabe est irrésistible.

D'une beauté incontestable, l'arabe est la race la plus pure et peut-être la plus ancienne. Son nom arabe, *kôheilan*, signifie « pur sang de bout en bout ». N'ayant jamais subi aucun apport de sang extérieur, il a préservé ses caractéristiques d'origine, auxquelles il doit sa renommée.

L'une des différences les plus notables entre l'arabe et les autres races est le nombre de côtes et de vertèbres : les autres races possèdent dix-huit côtes et six vertèbres lombaires ; l'arabe, dix-sept côtes et cinq vertèbres lombaires. Autre trait distinctif, le *mitbah*, l'angle formé par la jonction de la tête et de l'encolure. La petite tête de l'arabe, qui se termine par un nez fin – il s'encastre dans une main à moitié fermée –, est plantée haut sur l'encolure musclée. La courbure formée autorise une grande mobilité de la tête, lui permettant de tourner dans presque toutes les directions.

Également spécifique à la race, le *jibbah*, sorte de renflement situé entre les grands yeux écartés de l'arabe,

s'étend vers le haut jusqu'à un point situé entre les oreilles, vers le bas sur le tiers supérieur de l'os nasal.

Son élégante encolure se prolonge par une épaule forte et inclinée, tandis que son dos court, se terminant par une croupe haute, présente une forme concave. Sa poitrine profonde et ample cache des poumons particulièrement puissants, qui procurent à la race une grande capacité de travail et la rendent apte à l'endurance. Autres atouts, ses membres sont robustes – malgré leur apparente fragilité, les os sont plus denses que ceux des autres races –, et ses sabots solides présentent une forme presque parfaite.

Très apprécié pour sa beauté, l'arabe l'est aussi pour sa vitesse et sa vigueur, ainsi que pour ses aptitudes physiques. C'est un vrai plaisir de le regarder évoluer librement, légèrement, avec son action flottante. Sa crinière longue et douce, sa queue plantée haut participent également à son charme enchanteur.

Dépassant rarement 1,50 m au garrot, l'arabe n'est pas un grand cheval. Sa robe grise qui, comme chez toutes les races, s'éclaircit avec l'âge, contribue à sa beauté, mais elle peut être de toute autre couleur, sauf palomino. Fine et soyeuse, laissant apparaître les veines, elle offre un aspect luisant, notamment chez l'alezan et le bai.

Cette magnifique race ancienne, qui remonterait à environ trois mille ans avant Jésus-Christ, a fortement influencé nombre de races modernes.

**Ci-dessus :** *Sur cet arabe gris, le jibbah, renflement situé entre les yeux, apparaît nettement.*

**Page de gauche :** *La robe fine et soyeuse de cet étalon arabe alezan luit d'un éclat presque métallique.*

**Pages précédentes :** *Cet étalon arabe symbolise à merveille la beauté éthérée, féerique, de cette race exceptionnelle.*

« C'est un vrai plaisir de le regarder évoluer librement, légèrement, comme s'il flottait dans l'air. »

« Je te nomme cheval et je te fais arabe. Je suspends la félicité aux crins qui pendent entre tes yeux. Tu seras le maître de tous les animaux. Les hommes te suivront là où tu iras. Tu excelleras autant dans la poursuite que dans la fuite. Tu transporteras des trésors sur ton dos et tu seras pourvoyeur de fortune. » Ainsi s'exprima Allah lorsqu'il créa l'arabe, rapporte le Coran. Il dessina sur son front le symbole de la noblesse et de la félicité – une étoile blanche.

En proclamant qu'Allah avait créé l'arabe, le prophète Mahomet pensait que ceux qui traiteraient bien le cheval seraient récompensés dans l'au-delà. Cette croyance, associée avec celle selon laquelle « aucun mauvais esprit n'osera pénétrer dans une tente occupée par un cheval pur-sang », encouragea l'élevage de l'arabe.

Au fil du temps, les tribus bédouines des déserts d'Arabie protégèrent la race arabe avec ardeur, s'efforçant de la garder *asîl* – ou « pure » –, selon les préceptes d'Allah. Tout croisement avec une race provenant des montagnes ou des cités situées aux confins du désert était strictement interdit.

L'élevage sélectif des Bédouins produisit le magnifique équidé que nous connaissons aujourd'hui et qui – après des siècles de soins attentifs – jouit toujours d'une grande faveur dans toute la planète.

Les conditions de vie extrêmement difficiles du désert impliquaient que le cheval partage le travail avec les tribus nomades, ainsi que la nourriture, l'eau et parfois même le toit. Il tissa ainsi des liens étroits avec l'homme et son intelligence s'affina.

Mais l'arabe était avant tout un cheval de bataille. Un Bédouin doté d'une bonne monture parvenait à dévaster un camp ennemi, capturant chameaux, chèvres et moutons. Il enrichissait ainsi sa tribu et élevait son prestige. De tels raids, très risqués, ne pouvaient être réussis que par une stratégie reposant sur la rapidité de l'attaque, les effets de surprise et la capacité de fuite.

La jument arabe était privilégiée pour ces incursions, car elle n'émettait pas de gémissements trahissant l'arrivée des attaquants. Ces splendides équidés déployaient une vive ardeur au combat. Rapidité et endurance – qualités qui font toujours la réputation de l'arabe – étaient vitales, car ces expéditions étaient souvent menées loin du campement de la tribu.

**Ci-dessus, à droite :** *L'écartement des yeux et la dilatation des naseaux de l'arabe apparaissent nettement sur cette photo.*

**Ci-dessus, à gauche :** *Cet arabe affiche les traits distinctifs de la race – petites oreilles incurvées, chanfrein concave, grands yeux brillants et nez fin.*

**Page ci-contre :** *Ce magnifique spécimen a grandi dans le Haras impérial égyptien, aux États-Unis – où les lignées égyptiennes sont aussi renommées qu'en Europe.*

LES PLUS BEAUX CHEVAUX DU MONDE

La jument arabe était ainsi hors de prix. Les familles de juments, ou lignées, portaient le nom de la tribu ou du cheikh qui les élevait. Ainsi, les cinq principales familles de la race se nommaient Kehilan, Seglawi, Abeyan, Hamdani et Habdan. Si elles associent toutes la beauté et les aptitudes physiques propres à l'arabe, le connaisseur parvient aisément à les identifier.

Ces familles partageaient des couleurs communes – gris, alezan, brun ou bai. Le noir absorbant la chaleur, il était peu répandu, un cheval du désert à robe noire risquant d'être moins efficace. Des éleveurs zélés s'efforcèrent d'éliminer cette couleur de leurs lignées. Cependant, de nos jours, la plupart des arabes ne vivent plus dans le désert, et les spécimens de couleur noire se multiplient.

Chacune des cinq familles, élevée isolément, développa des traits caractéristiques permettant de les identifier. La famille Kehilan était reconnaissable à sa poitrine profonde, sa puissance et sa taille – 1,50 m en moyenne au garrot. La tête, courte, présentait un grand front et un menton particulièrement large.

**Ci-dessus :** *Toutes les couleurs unies se rencontrent chez l'arabe, sauf le palomino. Relativement peu courant, le noir, comme chez ces juments élevées en Californie, est toutefois de plus en plus répandu.*

« *Les cinq principales familles conjuguaient toutes la beauté et les aptitudes physiques que nous associons généralement à l'arabe.* »

**Ci-contre :** *Ce magnifique étalon noir, élevé aux États-Unis, présente sur le front la légendaire « marque de noblesse et de félicité » – une étoile blanche.*

« L'élevage sélectif des Bédouins produisit le magnifique cheval que nous connaissons aujourd'hui, et qui jouit toujours d'une grande faveur. »

**Page de gauche :** *Très intelligent, l'arabe est toujours en état d'alerte.*

**Ci-contre :** *Ce superbe spécimen dénote la vigueur qui a contribué à la renommée de la race.*

**Ci-dessous :** *Rapide et agile, débordant d'énergie, cette jument déploie une action brillante, en laissant flotter sa magnifique queue.*

L'arabe Seglawi était particulièrement raffiné, d'une grâce toute féminine. Il possédait des os fins et atteignait près de 1,40 m au garrot, avec une tête et un cou plus longs que ceux du Kehilan. Bien que moins énergique que ses frères plus grands, ce petit cheval luisant était réputé pour sa rapidité.

Semblable au Seglawi, l'Abeyan était également élégant. Comme les superbes arabes présentés ici, le Seglawi, généralement gris, portait davantage de marques blanches que les autres familles.

Le Hamdani possédait une stature athlétique et une plus forte ossature. Il ne présentait pas de *jibbah*, mais une encolure et un profil droits. Il était plus grand, atteignant environ 1,55 m au garrot.

Plus petit, le Habdan ne dépassait pas 1,50 m au garrot. Malgré sa stature musculeuse et ses os massifs, il était réputé pour sa nature docile et bienveillante. Sa robe, généralement alezane ou baie, s'agrémentait parfois de quelques marques blanches.

Des branches se développèrent dans chaque famille, portant le nom d'une jument ou d'un cheikh célèbres. Mais toutes partageaient un point commun : élevées dans le désert, elles donnèrent naissance à la monture du guerrier

**Ci-dessus et en haut :** *Les allures légères et amples de l'arabe sont inimitables.*

**Page de gauche :** *Ce poulain rouan deviendra sans doute gris en grandissant, comme sa mère. Il porte sa queue en hauteur, trait caractéristique de la race arabe.*

arabe, associant rapidité, grâce, puissance et énergie. Convoités par tous ceux qui les approchaient, ces remarquables coursiers influencèrent l'élevage dans le monde entier.

Ces anciens chevaux arabes contribuèrent de manière déterminante au développement des races modernes. Les chevaux européens étaient élevés pour transporter chevaliers et armures, et les équidés légers s'apparentaient beaucoup aux races de poneys. Les européens n'avaient rien de comparable avec les chevaux rapides et élégants des envahisseurs arabes. La réputation du cheval «oriental» se propagea, les récits et chroniques louant à l'infini sa vélocité, son énergie et ses prouesses.

L'invention des armes à feu signa la fin du chevalier lourdement armé et de sa puissante monture apte à le supporter. Désormais, la cavalerie avait besoin de chevaux plus légers, plus rapides, plus prestes. Les guerres attestaient de plus en plus la supériorité de l'arabe, qui devint la monture privilégiée des militaires du monde entier. Mais ceux-ci n'étaient pas les seuls à rechercher le cheval d'Arabie. Pour les propriétaires de chevaux, il devenait symbole de prestige, car il améliorait le cheptel local de manière exceptionnelle. L'arabe prit une valeur inestimable – les Européens fortunés, principalement les membres des familles royales, étaient prêts à parcourir de longues distances pour s'en procurer.

## CHEVAUX ARABES

Une révolution allait bousculer le secteur de l'élevage du cheval. Car s'il compte des détracteurs dans le monde équestre actuel, l'arabe joua un rôle considérable dans le développement du pur-sang anglais, tenu en haute estime.

Trois étalons arabes furent les fondateurs du pur-sang : Byerley Turk, importé en 1683, Darley Arabian, en 1703, et Godolphin Arabian, en 1730. Quatre-vingt-treize pour cent de tous les pur-sang modernes remontent à ces trois géniteurs.

Byerley Turk appartenait au colonel Robert Byerley, qui l'aurait enlevé à un soldat turc à Budapest dans les années 1680. Selon la légende, le colonel montait le cheval – considéré comme un « arabe particulièrement important » – à la bataille de la Boyne (1690), où il réussit à s'enfuir grâce à la rapidité de sa monture.

**Ci-dessus :** *Curieux, vif et intelligent comme ses congénères, ce jeune poulain sous la protection de sa mère ne manifeste aucun signe de crainte.*

**Ci-dessus, à gauche :** *Copie conforme – cette jument et son poulain, photographiés dans un haras d'arabes en Californie, se ressemblent étrangement. Ils ont tous les deux le même port de tête altier.*

« La jument arabe avait une valeur inestimable. Les familles de juments portaient le nom de la tribu ou du cheikh qui les élevait. »

**Ci-contre :** *Cette superbe jument déploie les actions fluides de la race, tandis que son ravissant foal alezan arbore déjà un chanfrein concave.*

« *L'arabe joua un rôle considérable dans le développement du pur-sang anglais actuel.* »

À **gauche** : *D'une beauté sans pareille, l'arabe allait se révéler un excellent améliorateur du cheptel existant.*

À **droite** : *L'arabe possède de nombreuses qualités – rapidité, force, énergie et résistance –, dont a hérité le pur-sang.*

CHEVAUX ARABES

**Ci-dessus :** *Cet étalon arabe laisse voir la vigueur et l'intelligence propres à la race, également connue pour sa nature douce et docile.*

**Ci-contre :** *Ces juments arabes photographiées dans un haras des États-Unis semblent animées par la curiosité – trait révélateur du niveau d'intelligence élevé de la race.*

Après son service dans l'armée, Byerley Turk se retira au haras vers 1690, d'abord à Middleridge Grange, dans le comté de Durham, en Grande-Bretagne, puis à Goldsborough, dans le Yorkshire.

Élevé également dans un haras du nord de l'Angleterre, Darley Arabian engendra peut-être le plus prestigieux cheval de course de tous les temps, Flying Childers, qui sortit gagnant de dix-huit courses. Acheté par Thomas Darley, consul britannique dans ce qui était alors la Syrie, Darley était considéré comme « un cheval d'une beauté insigne ». Il vécut dans le haras du Yorkshire qui appartenait au frère de Darley. On sait peu de choses du troisième étalon, Godolphin Arabian, sinon que, né au Yémen, il aurait été importé en Angleterre par un dénommé Edward Coke du Derbyshire. Celui-ci, éleveur réputé, aurait découvert l'étalon à l'âge de cinq ans, tirant une charrette de charbon dans les rues de Paris, et il l'aurait vendu ensuite à Lord Godolphin.

Mais l'influence de l'arabe ne se limite pas au pur-sang anglais. Ses lignées ont amélioré des races aussi diverses que le poney welsh mountain, dont le chanfrein concave et le nez fin évoquent des ancêtres plus exotiques ; l'Autrichien haflinger et son équivalent italien, l'avelignais, remontent à l'étalon arabe El Bedavi. Le trotteur orlov, cheval d'attelage élevé en Russie au XVIIIe siècle, était issu d'un croisement avec un arabe. L'unique couleur grise du lipizzan est due au sang arabe, tandis que le morgan d'Amérique du Nord aurait une ascendance arabe et pur-sang.

Le rôle de l'arabe dans le développement et l'amélioration des autres races de chevaux à travers le monde n'a pas d'équivalent, comme le suggèrent les commentaires suivants à son propos : « C'est la plus ancienne race de toutes ; elle a une origine pure, ce n'est pas un dérivé de quoi que ce soit d'autre. Elle a le pouvoir, que seules possèdent les races pures, d'imprimer sa propre nature à toutes les autres races avec une force irrésistible. L'arabe est le principal ancêtre, et le plus noble, des chevaux de course européens, des meilleures races d'Afrique du Nord, des chevaux légers du monde entier. »

Il existe aujourd'hui encore des lignées et des types d'arabes distincts. La lignée la plus célèbre est peut-être celle du haras Crabbet, fondé en Grande-Bretagne vers la fin du XIXe siècle par Anne et Wilfred Scawen Blunt, qui achetèrent des chevaux aux Bédouins du désert et les importèrent à partir de 1878. Parmi les principaux spécimens figurait la jument Rodania, ainsi que les étalons Mahruss II et Mesaoud. Bien que de plus en plus rares, les lignées Crabbet sont

Ci-dessus : *Ce superbe portrait montre toute la noblesse et la distinction de la race arabe.*

À droite : *Une brillante illustration des allures légères et dégagées de l'arabe, qui porte sa queue en hauteur.*

# CHEVAUX ARABES

très prisées, et l'appellation s'applique exclusivement aux arabes des spécimens appartenant aux Blunt.

L'arabe égyptien est également tenu en haute estime. Il descend des troupeaux de Mohammed Ali Pacha et de son petit-fils Abbas Pacha, ainsi que de vingt chevaux des Crabbet envoyés au haras égyptien de Cheikh Obeyd, appartenant à Anne Blunt.

En 1957, le président égyptien Gamal Abdel Nasser offrit un étalon, Aswan, au haras russe de Tersk, où il fut largement utilisé dans les lignées de chevaux de course et avec des juments polonaises, les arabes polonais étant réputés pour leur impeccable conformation et pour leur beauté.

Bien que semblable à son proche parent mieux connu, l'arabe persan serait plus âgé d'environ mille cinq cents ans, mais sa population s'est considérablement réduite. Très proche par ses caractéristiques et sa conformation, il est légèrement plus trapu, mais possède beaucoup de prestance et de distinction.

En Hongrie, l'arabe shagya a vu le jour au XVIII$^e$ siècle. Le haras le plus ancien du pays, Mezöhegyes, a été créé en 1785, mais c'est celui de Babolna, datant de 1789, qui est désormais célèbre pour ses chevaux arabes. Le shagya, à vocation utilitaire, possède une ossature plus forte et une musculature plus développée que l'arabe. Il est à dominante grise, même s'il doit son nom à un étalon de couleur crème,

**Double page suivante :** *Le cheval arabe a exercé une influence considérable sur les races modernes du monde entier.*

**Ci-contre :** *Cet élégant étalon a grandi au Haras impérial égyptien, aux États-Unis.*

**Ci-dessous :** *La beauté insigne du pur-sang arabe le promet à un bel avenir.*

qui fonda la race. Le grand étalon, toisant 1,52 m au garrot, imprima ses caractéristiques au shagya. En France, l'accent étant mis sur la course, les arabes ont été élevés pour ressembler davantage au pur-sang que leurs équivalents anglais. L'Australie a également produit de superbes arabes qui, grâce à leurs membres solides et à leurs pieds robustes, excellent dans l'endurance.

Bien que la culture équine soit relativement récente aux États-Unis, on y compte la plus large population d'arabes pur-sang du monde. Le cheval arabe a fait ses marques à travers le monde. Un élevage diligent s'efforce de préserver sa pureté. Et la beauté dont il ne se départ pas le promet à un brillant avenir.

« *Le rôle que l'arabe a joué dans le développement et l'amélioration des autres races de chevaux à travers le monde est sans pareil.* »

# Chapitre 3
# CHEVAUX IBÉRIQUES

LES PLUS BEAUX CHEVAUX DU MONDE

# CHEVAUX IBÉRIQUES

*Chevaux de prestige et de noblesse, l'andalou et le lusitano sont particulièrement prisés pour leurs allures relevées et leur remarquable prestance. En termes d'évolution équine, les races ibériques ont joué un rôle considérable, suivant de près l'arabe.*

JUCHÉES À FLANC DE COLLINE, les maisons blanches resplendissent sous le ciel bleu cobalt, l'eau turquoise des piscines privées scintille de mille feux sous le soleil qui darde. Une atmosphère fiévreuse règne dans la petite ville – les mères fleurissent les cheveux de leurs filles, tandis que la musique de flamenco fuse le long des ruelles.

Au rythme des sabots qui résonnent sur les pavés, les fiers étalons gris secouent la tête et contractent leur puissante croupe, gagnés par les manifestations de la foule en liesse. Leur queue et leur crinière ondoyantes sont ornées de rubans multicolores, leur encolure arquée est rehaussée de guirlandes de fleurs. Ce sont les chevaux andalous, indissociables des festivités, au même titre que le claquement des castagnettes et les sonorités envoûtantes de la guitare. Ces rois de la péninsule Ibérique affichent de fières allures ; leur histoire est longue, noble, et leur influence sur l'évolution du cheval, à la fois ancienne et moderne, presque impossible à quantifier.

Des peintures rupestres situées à proximité de l'actuelle Málaga, sur la Costa del Sol, datant d'environ 5000 av. J.-C., représentent un animal proche de l'actuel cheval ibérique. En termes d'évolution équine, l'andalou – et, par association, son cousin portugais, le lusitano (page ci-contre) – joue un rôle majeur, suivant de près l'arabe (chapitre 2), ainsi que le barbe, qui serait son ancêtre direct. Certains ont suggéré que l'andalou avait évolué à partir du cheval de Prjevalski – ou cheval sauvage de Mongolie – (chapitre 1), ou de l'ancien cheval des steppes, qui aurait parcouru les régions comprises entre les montagnes de l'Atlas, les *sierras* espagnoles et le Turkmenistan. Selon une théorie plus répandue, ces chevaux remonteraient à l'occupation de l'Espagne par les Maures au VIIIe siècle, lorsque les envahisseurs croisèrent les équidés indigènes avec leurs chevaux barbes. En 1972, les défenseurs de la pure race espagnole, descendant des chartreux, ou cartujanos, se sont regroupés au sein de l'Association nationale des éleveurs de chevaux de pure race espagnole pour promouvoir la race. Dans cette optique, le cheval andalou a été baptisé officiellement cheval de Pure Race Espagnole, ou PRE.

L'andalou, ou pur-sang espagnol, fut reconnu comme race au XVIe siècle – entre 1567 et 1593 – par le roi Philippe II d'Espagne, qui définit son standard telle que nous la connaissons aujourd'hui. Le terme d'andalou vient de la région baignée de soleil, au sud de l'Espagne, englobant Séville, Jerez, Cordoue et Grenade, mais pendant des siècles, le vocable renvoya à la péninsule entière. Néanmoins, le pur-sang espagnol doit toujours beaucoup à l'Andalousie moderne, car c'est grâce à un ordre de moines chartreux que la race demeure pure à ce jour. Fondé en 1476 à Jerez de la Frontera, près de la côte, le monastère de la Cartuja élevait un petit troupeau de chevaux espagnols, en s'efforçant de maintenir la pureté de la lignée. Le climat chaud et sec de la région contribua à développer une race aux pieds durs et à la robe soyeuse, ses principales caractéristiques.

Dès la Grèce antique – lorsque le célèbre général Xénophon, historien et philosophe, commença à établir le traité de l'équitation telle que nous la connaissons –, le cheval espagnol était réputé pour ses allures relevées et sa grande souplesse, qui en faisaient un excellent cheval de bataille. Les rois appréciaient sa fierté et son courage à la guerre.

Au XVIe siècle, Salomon de la Broue (1530-1610), professeur d'équitation du roi Henri IV, s'exprima en ces termes : « Je considère le cheval espagnol pur comme le plus grand [...], le plus beau, le plus noble, le plus brave, et le plus digne des rois. »

**Ci-contre et ci-dessus :** *Fier et courageux, l'andalou était très apprécié jadis au combat.*

**Page précédente :** *Cet étalon lusitano affiche toute la noblesse de la race*

**Ci-dessus :** *Environ 80 % des andalous sont gris.*

Pourtant, la description de la race rend difficilement compte de la beauté et de la remarquable prestance du cheval espagnol. Les andalous photographiés sur ces pages sont de couleur grise, typique de la race, même si l'on rencontre des spécimens bais, rouans et noirs.

Parmi les andalous actuels, environ 80 % seraient gris, 15 % bais et 5 % noirs, ces chiffres restant néanmoins des estimations.

Atteignant environ 1,50 m au garrot, le corps trapu de l'andalou se termine par une croupe inclinée et une queue attachée bas. Réputé intelligent, il présente un profil noble, de forme convexe – non concave, comme celui de l'arabe – et en « bec d'aigle », avec un large front. Sa superbe tête est instantanément reconnaissable. Ses grands yeux expressifs

« *Je considère le pur-sang espagnol comme le plus grand [...], le plus beau, le plus noble, le plus brave, et le plus digne des rois.* »

ovales s'encastrent dans des orbites triangulaires, et l'ouverture de ses naseaux en forme de virgules est à la mesure de la force qu'il déploie à l'effort. Sa lèvre supérieure, d'une grande souplesse, est nettement dessinée, sa bouche, sensible et mobile. Son encolure musculeuse et rouée se prolonge par une épaule longue et inclinée, et le passage de sangle profond est équilibré par une puissante croupe. Sa crinière et sa queue sont luxuriantes et souvent ondoyantes ; ses membres, robustes, et son action, spectaculaire. Ce sont ces allures brillantes qui ont forgé la destinée du cheval espagnol et contribué à sa réputation.

On raconte que le roi Philippe II créa la race espagnole pour faire vivre l'équidé idéalisé universellement, qui occupait une place de choix dans les récits illustrés et les œuvres artistiques, notamment la sculpture. Il sélectionna parmi les chevaux élevés à l'époque en Espagne ceux qui étaient les plus proches de cet idéal, et ordonna qu'eux seuls soient utilisés pour son programme d'élevage.

Les chevaux d'origine espagnole font toujours l'objet de représentations sous forme de statues. Si l'agile pur-sang espagnol fut longtemps convoité comme cheval de bataille – autant pour son courage et sa docilité que pour sa beauté –, l'invention des armes à feu au XV$^e$ siècle n'entama d'aucune façon sa popularité.

Le cheval est doté d'une grande capacité de flexion dans les postérieurs – aptitude qui a contribué à l'influence du pur-sang espagnol sur les autres races.

Élevé pour la guerre, le cheval espagnol le fut aussi pour mener les taureaux noirs à l'arène, et il participe toujours aux corridas. Bien que sa conformation ne le prédispose guère au galop, il déploie beaucoup de souplesse et de rapidité. Sa fougue cache un tempérament doux et docile, particulièrement apprécié des *rejoneadores* – les toreros –, qui le choisissent comme unique monture.

Si la corrida, qui compte de nombreux détracteurs, est une coutume exclusivement espagnole, les spectaculaires andalous ont néanmoins des aficionados dans le monde entier. Bien que leur allure relevée si particulière – nommée *paso de andatura* – ne soit pas toujours appréciée sur la piste de dressage, leurs performances athlétiques conviennent parfaitement aux airs de la Haute École.

**Ci-dessus** : *L'andalou se distingue par son encolure musculeuse et rouée, sa crinière et sa queue luxuriantes.*

Bien que les deux races aient partagé une histoire commune pendant des millénaires, le lusitano et l'andalou mettent un point d'honneur à afficher leurs différences. La distinction remonte seulement au XXᵉ siècle. Le lusitano, ou lusitanien, doit son nom à l'ancien nom du Portugal, Lusitania. Malgré ses origines andalouses, il a évolué un peu différemment de son cousin espagnol.

Toisant 1,60 m au garrot, il est un peu plus grand que lui et plus haut sur pattes. Lui aussi est la monture privilégiée des *rejoneadores* dans les corridas.

**Ci-dessus :** *Une jument et son poulain lusitano ; le nom vient de l'ancien nom du Portugal, Lusitania.*

**À droite :** *Une jument et son poulain andalous, légèrement plus petits que leurs cousins portugais.*

**Pages précédentes :** *Jeunes spécimens lusitaniens.*

Comme l'andalou, le lusitano remonterait à un ancêtre plus primitif, le sorraia, poney qui descendait sans doute du cheval sauvage de Mongolie (chapitre 1) et du tarpan, auquel il ressemble beaucoup. Une grande confusion règne à propos du tarpan – le nom se traduit littéralement par « cheval sauvage ». Bien qu'originaire d'Europe de l'Est, il est considéré plus proche génétiquement du cheval moderne que du cheval sauvage de Mongolie.

Le sorraia, ainsi que son proche parent le garrano du Portugal, ont contribué directement à l'évolution du cheval espagnol. Cette race primitive ibérique fut influencée par une souche d'Afrique du Nord, parvenue du continent africain par le pont terrestre qui le reliait à l'Espagne avant la dernière glaciation, il y a des millénaires. La couleur isabelle apparaissant occasionnellement sur le lusitano est sans doute héritée du sorraia.

Cette race de poneys, dont le nom – relativement récent – est dérivé des rivières Sor et Raia, qui séparent l'Espagne du Portugal, existe toujours aujourd'hui. Comme beaucoup d'autres, elle a bénéficié d'un croisement avec l'arabe et se présente aujourd'hui sous la forme d'un cheval de petite taille, version miniature de l'andalou ou du lusitano. Le sorraia actuel, qui dépasse rarement 1,30 m au garrot, se distingue par sa grosse tête, au profil convexe primitif. Ce poney très endurant est capable de résister à des températures extrêmes et de survivre avec peu de fourrage.

On peut considérer que le lusitano – dont le nom est aussi relativement récent, datant de 1966 seulement – est encore plus « pur » que l'andalou, dont la tête plus orientale dénote l'influence arabe. Avec ses grands yeux doux et ses oreilles incurvées, le lusitano n'est pas moins séduisant que son cousin espagnol. Son nez convexe et son large front se prolongent par une encolure courte et épaisse, reposant sur des épaules puissantes et obliques. Il a un poitrail large et profond, un dos court et compact, une croupe musclée, des membres longs et solides. Comme l'andalou, il possède une crinière et une queue bien fournies.

**En haut :** *Ces juments lusitano rassemblées en troupeau semblent goûter les bienfaits de l'été.*

**Ci-contre :** *Vêtus de leur robe d'hiver épaisse, ces lusitanos, avec leur corps trapu, s'apparentent presque à des poneys.*

# CHEVAUX IBÉRIQUES

Si le lusitano n'a pas la présence naturelle de l'andalou, il est aussi athlétique, et il était autant prisé jadis à la guerre qu'il l'est aujourd'hui en tauromachie. La vitesse figure parmi ses principaux atouts, tandis qu'il dévoile ses allures relevées et ses prouesses d'athlète dans l'arène portugaise.

La corrida portugaise se déroulant entièrement à cheval, celui-ci doit être parfaitement dressé pour pouvoir dévier de sa trajectoire en un instant. Il n'est pas de pire disgrâce, pour les *rejoneadores*, que de voir leurs chevaux blessés au combat.

Il faut beaucoup de courage pour affronter un taureau féroce en train de charger. Tous les cavaliers le savent, un cheval qui a peur est dangereux.

Réputé pour sa bravoure, le lusitano est également intelligent et il réagit rapidement, aptitudes appropriées aux airs de la Haute École.

Comme le montre la photo ci-dessus, à l'instar de son parent espagnol, le lusitano, généralement gris, peut aussi être noir, bai ou alezan. La couleur isabelle se rencontre parfois – bien que rarement –, de même qu'une étonnante teinte violacée.

On suppose que le lusitano a évolué à partir de l'andalou avec davantage de sang arabe, bien que – comme en témoignent les spécimens gris ci-dessus – le port de la queue soit beaucoup plus bas que chez l'andalou. La croupe est généralement plus inclinée et la tête plus convexe.

**Ci-dessus :** *Ces poulains lusitano déclinent la diversité des couleurs de la race.*

**Page de gauche :** *Le lusitano présente une conformation plus solide que l'andalou.*

Le lusitano et l'andalou sont de plus en plus répandus en Amérique du Nord. Le cheval espagnol y aurait été introduit par les conquistadors, lors du deuxième voyage de Christophe Colomb.

La race ne fit sa deuxième apparition officielle en Amérique du Nord que tardivement – dans les années 1960 –, mais malgré la lenteur et le coût du transport, ces chevaux ibériques gagnèrent aussitôt la faveur des Américains. Ces derniers apprécient leur beauté, mais aussi leur souplesse, qui les rend très polyvalents et qui les fait exceller autant dans les sports « western » que dans les disciplines olympiques comme le dressage ou le saut d'obstacles.

« C'est peut-être le lien
intime entre l'homme
et le cheval ibériques
qui a inspiré la légende
du centaure, être fabuleux,
mi-homme mi-cheval. »

**Ci-contre :** *L'andalou est aussi courageux
et docile qu'il peut être séduisant.*

**Ci-contre :** *Ces andalous déploient les allures brillantes et souples qui ont fait la réputation de la race.*

> « Ce cheval à la présence stupéfiante était très recherché par la cavalerie. »

**Ci-dessous :** *Ce superbe étalon andalou représente sa race à la perfection.*

Rien d'étonnant que l'andalou soit si recherché ; il suffit pour s'en convaincre d'admirer les chevaux de ces pages, photographiés au Texas, aux États-Unis : ils déploient tous l'énergie et la souplesse qui ont fait la réputation de leur race.

Ce cheval actif et d'une grande prestance fut tout d'abord très utilisé dans la cavalerie militaire, avant que sa force et son courage ne soient appréciés dans l'arène tauromachique et dans les fermes où il rassemble les taureaux. L'andalou excelle dans une discipline spécifiquement espagnole, la *doma vaquera*, pratiquée par les éleveurs et gardiens de troupeaux pour mener et trier le bétail.

Cependant, l'andalou, considéré comme une « monture de spécialiste », est presque devenu victime de son succès. Au XIXe siècle, l'équitation perdit peu à peu sa dimension académique au profit de son aspect sportif, initiant le déclin de l'andalou, qui se réduisit bientôt à un cheval de folklore. Le spécialiste Arsénio Raposo Cordeiro a écrit : « C'est peut-être le lien intime entre l'homme et le cheval ibérique qui a inspiré la légende du centaure, être fabuleux, mi-homme mi-cheval. »

Bientôt, seules les grandes familles traditionnelles restèrent fidèles à l'andalou. Parmi elles figurait la dynastie Domecq – l'un des principaux producteurs de xérès d'Andalousie. En 1972, don Alvara Domecq, premier *rejoneador* d'Espagne, fonda l'École royale andalouse d'Art équestre, qui allait acquérir une renommée mondiale. Située au centre de Jerez, elle offre une capacité d'accueil de 1 600 spectateurs qui assistent chaque semaine au célèbre ballet équestre *Como bailan los caballos andaluces* – ou « Comment dansent les chevaux andalous ».

Renommée pour son excellence, l'école entraîne des écuyers de haut niveau, dont beaucoup s'illustrent dans le dressage plus traditionnel. Citons notamment Rafael Soto, septième aux jeux Olympiques d'Atlanta en 1996, ou Ignacio Rambla, tandis que de nombreux chevaux ont figuré dans des équipes médaillées, notamment lors des Jeux équestres mondiaux de Jerez en 2002.

Ci-dessus : *Les allures énergiques de la pure race espagnole la rendent apte aux airs de la Haute École.*

« *La puissance et l'agilité du cheval espagnol, sa noblesse et sa grâce, sa force et sa beauté en font un excellent danseur.* »

Ci-contre : *La tête du lusitano est un modèle d'élégance.*

Le Portugal possède également son école d'art équestre. Elle emploie principalement l'alter-real, cheval classique de Haute École qui a bénéficié d'apports de sang andalou. La force et l'agilité du cheval espagnol, sa noblesse et sa grâce, sa puissance et sa beauté en font un parfait danseur. Son influence s'étend aux spécimens les plus célèbres des chevaux de ballet, les étalons blancs de Vienne.

Apanage de l'École espagnole de Vienne, de renommée mondiale, le lipizzan (chapitre 4), comme beaucoup de races de chevaux d'Europe et d'Amérique du Nord, descend directement de l'andalou. Les sujets espagnols conduits à Lipica – ou Lipizza –, près de Trieste, en 1583, furent les fondateurs de la race lipizzan, le nom de l'école rendant toujours hommage à ses origines espagnoles. C'est la polyvalence et la docilité de la race espagnole qui ont forgé la destinée de danseur du lipizzan. Le talent déployé par les magnifiques étalons blancs de l'École espagnole de Vienne suscite l'émerveillement.

**Ci-contre et page de gauche :** *La crinière et la queue abondantes de l'andalou s'agrémentent de légères ondulations.*

« *Les chevaux espagnols allaient devenir les fondateurs des nombreuses races de chevaux actuelles.* »

**Ci-dessous :** *L'andalou se distingue par sa superbe tête, instantanément reconnaissable.*

**Ci-dessus :** *Le port de tête altier de l'andalou constitue un trait distinctif de la race.*

**À gauche :** *Cet andalou porte la crinière luxuriante et ondulée, typique de la race.*

**À droite :** *Ce magnifique andalou bai vit au Texas – les chevaux espagnols furent introduits en Amérique du Nord par les conquérants espagnols.*

Rien d'étonnant que le cheval ibérique, riche d'une telle histoire, affiche une allure si aristocratique, comme en atteste ce splendide étalon lusitano (ci-dessous). Avec son équivalent espagnol (à droite), il a joué un rôle déterminant dans l'évolution des races de chevaux et de poneys à travers le monde.

Au cours des XVIe et XVIIe siècles, les andalous furent introduits par Christophe Colomb et les conquérants espagnols dans le Nouveau Monde, l'Amérique du Nord, où les chevaux étaient éteints depuis des milliers d'années. Ces importations espagnoles allaient constituer la souche fondatrice des nombreuses races d'équidés qui prospèrent actuellement aux États-Unis – mustang, criollo, paso fino, ainsi que l'appaloosa, à la robe si distinctive.

**Ci-contre :** *Les andalous – comme ce superbe étalon – ont joué un rôle majeur dans l'évolution des races de chevaux et de poneys à travers le monde.*

**Ci-dessous :** *Cet étalon lusitano témoigne de la beauté noble de la race.*

Le quarter horse américain, petit équidé compact et rapide, serait aussi le descendant de chevaux espagnols croisés avec des étalons anglais. Il doit sans doute à ses ancêtres espagnols sa grande agilité, qui lui vaut d'être utilisé pour le travail du bétail et les sports western. Les poneys natifs de Grande-Bretagne, dont le connemara et le welsh cob, ainsi que le bai de Cleveland, réputé pour son excellente ossature, ont tous bénéficié d'un apport de sang espagnol.

Le frison du nord des Pays-Bas a reçu lui aussi du sang espagnol. De l'andalou il a hérité la tête noble, le corps solide et compact, la croupe inclinée et les membres solides, la crinière et la queue longues et ondulées, mais le frison est toujours noir. Le kladruber doit également beaucoup à la race espagnole. C'est l'empereur Maximilien II qui fonda en 1597 le haras de Kladruby, en Bohême. Ce magnifique cheval se présente comme une version agrandie de l'andalou. À prédominance grise, il atteignait à l'origine environ 1,80 m au garrot, mais il est désormais plus petit et plus actif.

Peu connu, le frederiksborg et son étonnant cousin tacheté, le knabstrup, ont eux aussi une ascendance espagnole – le premier devant son nom au roi Frédéric II de Danemark, fondateur du haras royal de Frederiksborg en 1562. Le frederiksborg fut produit pour fournir des chevaux destinés à la cavalerie. Il s'est fait connaître pour ses aptitudes aux airs de la Haute École et a été très recherché pour l'attelage de luxe. Ce cheval élégant et vigoureux, généralement alezan, avait des allures relevées, brillantes. Mais, comme ses ancêtres espagnols, il avait aussi un tempérament tranquille et agréable. Quant au knabstrup, il remonte aux guerres napoléoniennes, pendant lesquelles des soldats espagnols étaient stationnés au Danemark. Ils apportèrent avec eux des chevaux à robe tachetée d'une manière très particulière, rappelant l'appaloosa.

LES PLUS BEAUX CHEVAUX DU MONDE

Ci-dessus : *Le cheval ibérique fascine autant par sa beauté que par sa prestance.*

Les races ibériques ont une histoire et une ascendance si riches qu'elles ont figuré dans de nombreux écrits anciens. Homère les évoquait dans *l'Iliade*, et Xénophon ne tarissait pas d'éloges pour « les talentueux chevaux et cavaliers espagnols ».

Pendant plus de vingt ans, un cheval nommé Babieca fut le noble destrier du héros national espagnol Rodrigo Díaz de Vivar, symbole de la Reconquête sur les Maures, mieux connu sous le nom de Cid Campeador. Mort à l'âge de quarante ans, Babieca fut enseveli au monastère de San Pedro de Cardena, où un mémorial lui rend hommage.

Ces élégants chevaux se font rares – on estime actuellement à seulement 5 000 le nombre de poulinières lusitano à travers le monde et à 12 500 celui des andalous en Espagne. Nul doute que ces précieuses lignées feront l'objet d'une préservation attentionnée dans l'avenir.

Ci-contre : *Nombre des races de chevaux et de poneys les plus populaires du monde doivent certains de leurs traits distinctifs à la souche fondatrice espagnole.*

# Chapitre 4
# CHEVAUX D'EUROPE

LES PLUS BEAUX CHEVAUX DU MONDE

# CHEVAUX D'EUROPE

*Le déclin du cheval de bataille et l'essor du cheval
de compétition ou de loisir ont conduit
à l'amélioration des chevaux européens, qui excellent
désormais dans les disciplines olympiques.*

Toutes les races européennes trahissent, à un degré ou à un autre, une influence arabe (chapitre 2). En témoigne notamment le pur-sang anglais, descendant direct de l'arabe, prisé dans le monde entier pour son pied sûr, son énergie et sa beauté.

Ce cheval de course, totalisant 500 kg d'os et de muscles, est capable d'atteindre une vitesse supérieure à 70 km/h et peut effectuer des sauts de 9 m de longueur. Élevé pour la course, il déploie toute sa force pour franchir le premier la ligne d'arrivée. Mais il ne se contente pas de savourer sa puissance fantastique ; sa volonté, sa détermination à gagner est inscrite au plus profond de lui, faisant écho à sa nature grégaire et à son instinct de « combat ou de fuite ». Arriver premier est pour lui une exigence, un défi, une fierté.

Cheval le plus rapide et le plus précieux de toutes les races du monde, le pur-sang est à l'origine d'une industrie ô combien lucrative de courses et d'élevage. Les champs de courses d'Europe, des États-Unis, du Japon, d'Australie et de Nouvelle-Zélande résonnent du bruit de ses sabots, le nom des chevaux d'exception se transmettant de génération en génération. L'Angleterre, qui a une longue

**Pages précédentes, ci-dessous et à droite :** *Le pur-sang peut être de n'importe quelle couleur unie, sauf palomino, avec des marques blanches, bien que les coloris les plus courants soient le brun, l'alezan et le bai. Les gris doivent leur couleur à leur ascendance arabe.*

« *Environ 93 % des pur-sang modernes descendent des trois étalons fondateurs.* »

histoire de «chevaux de course», possédait déjà plusieurs champs de course avant la création de celui de Newmarket, au XVIIe siècle, par le roi Jacques Ier.

C'est Richard Cœur-de-Lion qui aurait organisé la première course à Epsom – à l'occasion de laquelle il décerna trois prix. La souche indigène des chevaux de course était sans doute issue d'un mélange de sang espagnol, napolitain et barbe avec le irish hobby – ancêtre du poney connemara – et le galloway écossais, ainsi que d'autres races autochtones. Mais à mesure que s'imposa le besoin de chevaux plus rapides, plus puissants et de meilleure qualité, la monarchie et la noblesse, principaux acteurs des courses, recherchèrent une race conçue principalement pour la vitesse.

Un élément essentiel manquait chez ces premiers chevaux de course – le sang arabe. L'importation, à la fin du XVIIIe siècle, des trois étalons fondateurs, Byerley Turk, Darley Arabian et Godolphin Arabian, donna naissance au pur-sang anglais. D'ailleurs, le terme de pur-sang est la traduction littérale de l'arabe *kehilan*.

Darley Arabian engendra Flying Childers, qui légua son talent à sa progéniture. Son arrière-petit-neveu, Eclipse, fut sans doute le cheval de course le plus célèbre de tous les temps. Il sortit vainqueur de dix-huit courses et donna naissance à environ trois cents gagnants. Diomed fut exporté en Amérique où il engendra une dynastie entière. Le premier stud-book américain fut publié en 1873.

Les trois étalons fondateurs – environ 93 % de tous les pur-sang actuels descendent de l'un d'eux – produisirent les principales lignées de chevaux de course modernes. Flying Childers, Herod, Eclipse, Diomed – gagnant du premier Derby en 1780 –, Matchem, et plus récemment Mill Reed, Arkle et Sadler's Wells, ont gratifié l'Angleterre des plus beaux chevaux du monde. Les trois lignées d'origine ont dispensé la beauté, le raffinement ainsi que le courage – trait qui persiste chez le pur-sang moderne.

Aujourd'hui, le cheval de course se distingue par sa beauté et sa prestance, qu'il doit à son ascendance arabe. Toisant en moyenne 1,60 m au garrot, il a une tête fine, au profil droit – contrairement à ses ancêtres à tête concave –, avec de grands yeux expressifs et des naseaux largement ouverts.

Les pur-sang commencent à courir dès deux ans, âge auquel leurs membres ne sont pas encore entièrement développés. Toutefois, leurs longues jambes fines produisent les allures élégantes et dégagées typiques du cheval de course.

Les premiers témoignages sur le pur-sang anglais furent publiés en 1791 dans *Une introduction au stud-book général*, puis dans le premier volume du *Stud-book général* en 1808. Ces données furent recueillies par un dénommé James Weatherby, qui effectua des recherches approfondies sur les pedigrees. La famille Weatherby poursuit actuellement son recensement des chevaux de course pur-sang. Un cheval ne peut courir en Angleterre que s'il est enregistré auprès des Weatherby, et il ne peut l'être que si c'est un pur-sang. Son nom ne peut être enregistré que s'il ne dépasse pas dix-huit caractères – y compris les espaces et la ponctuation –, et s'il n'est en aucune manière « offensant », bien que ce dernier critère n'ait pas toujours été respecté.

Les premiers pur-sang étaient probablement plus petits que les chevaux de course actuels, mais plus grands que les poneys, qui couraient sur 6 km. Au fil du temps, les éleveurs s'attachèrent à produire des spécimens plus grands et plus rapides sur de courtes distances. Les courses furent raccourcies et les poids portés par les chevaux réduits, pour permettre à des individus plus jeunes de concourir et aux éleveurs de récupérer facilement leurs investissements. La priorité n'étant plus donnée à la résistance – pour courir sur 6 km –, le cheval pouvait être gardé et nourri à l'intérieur, élevage qui produisit des sujets de taille supérieure et qui parvenaient plus rapidement à maturité. Ainsi, la race gagna en finesse et en taille – entre les XVIII$^e$ et XIX$^e$ siècle, le pur-sang grandit de 15 cm, annonçant le cheval de course moderne. Il a peu évolué depuis le milieu du XIX$^e$ siècle, bien que les lignées varient selon la spécialité. Ainsi, le sprinter, qui court sur de courtes distances, a souvent de longs membres fins, tandis que le stayer est plus compact et musclé. L'association de ces deux types engendre le cheval de distance classique.

« *Le cheval de course actuel se distingue par sa beauté et sa prestance, qu'il doit à son ascendance arabe.* »

**Ci-contre :** *Photographiés à Matahura, en Nouvelle-Zélande, ces chevaux de course mènent une existence idyllique, une fois achevée leur carrière sur le champ de courses.*

# CHEVAUX D'EUROPE

*« Les meilleurs traits irlandais
ont des membres solides,
des allures libres et nettes ; ils possèdent
des épaules puissantes
et excellent au saut. »*

COMME L'ARABE, LE PUR-SANG a, au fil du temps, servi à affiner et à améliorer d'autres lignées. Le trait irlandais, par exemple, est un trait léger qui convenait parfaitement aux travaux agricoles ; le croisement avec un pur-sang a produit un superbe cheval qui excelle dans les disciplines sportives.

Les origines du trait irlandais sont mal connues, mais l'on pense que le cheval espagnol aurait influencé son développement. Les chevaux français et flamands importés en Irlande au début du XIIe siècle sont probablement responsables de la taille et de la personnalité de la race irlandaise indigène, qui a bénéficié ensuite d'un apport de sang espagnol. Du mélange est issu un grand cheval puissant, les étalons toisant jusqu'à 1,70 m au garrot. Leur tête, relativement petite, à l'expression intelligente, est peut-être due au mélange avec le poney connemara dans les premières souches.

Les meilleurs traits irlandais ont des membres solides, des allures libres et nettes ; ils possèdent des épaules puissantes et excellent au saut. Ils sont très prisés pour le saut d'obstacles et la chasse – en pleine nature, ils déploient tous leurs atouts. Le hunter irlandais est capable de sursauts d'énergie lui permettant, ainsi qu'à son cavalier, de se sortir d'un mauvais pas. Les traits irlandais doivent leur qualité et leur vitesse à l'apport pur-sang.

En réalité, rares sont les chevaux de trait qui n'ont pas bénéficié d'un apport pur-sang – les amateurs de saut d'obstacles se souviennent d'un excellent cheval, Wiston Bridget, issu d'un croisement shire/pur-sang, monté avec succès par Tim Stockdale.

**Ci-contre :** *Les origines du trait irlandais sont mal connues, mais l'apport pur-sang produit un excellent cheval de sport.*

# LES PLUS BEAUX CHEVAUX DU MONDE

La race frisonne doit beaucoup à l'andalou d'Espagne (chapitre 3). Ce cheval à sang froid – contrairement au pur-sang ou à l'arabe – est un animal de trait trapu qui a évolué à partir du cheval primitif des forêts européennes. Il était très prisé des Romains comme cheval de travail. La race, qui doit son nom à la région de la Frise, aux Pays-Bas, remonterait à 1000 av. J.-C. Elle s'est améliorée au fil du temps, de même que sa destinée. Le cheval trapu n'était pas seulement résistant ; sa nature douce et docile le prédisposait à l'attelage. Il était aussi très prisé au combat. Bien que de taille moyenne, il avait une belle prestance et des allures relevées impressionnantes. Sous l'occupation des Pays-Bas par les Espagnols pendant la guerre de Quatre-Vingts Ans (1568-1648), l'apport de sang espagnol a amélioré la race.

Au XIXe siècle, le frison – apte à la selle comme à l'attelage – se fit remarquer dans les courses de trot, populaires à l'époque. Des spécimens plus rapides et plus légers s'imposaient pour ce sport. Cette évolution signa presque la fin du frison d'origine, mais un plan d'élevage sauva la race.

De nos jours, le frison est un petit cheval ramassé, séduisant, aux allures spectaculaires et à la nature attachante. Toisant 1,50 m au garrot, il a des membres courts et solides, des pieds durs et un corps bien musclé. Sa tête allongée dénote la noblesse, et son regard expressif, sa volonté joyeuse. Son encolure est arquée et il a une belle prestance. Sa crinière et sa queue, luxuriantes et ondulées, rappellent celles de l'andalou et du lusitano. Il est exclusivement noir, sans marques blanches. Les poneys anglais fell et dales (chapitre 6) doivent beaucoup au frison, de même que le shire, cheval de trait lourd (chapitre 7).

Le frison a largement influencé l'évolution d'autres races comme le trotteur orlov de Russie, le trotteur norfolk d'Angleterre – ancêtre des actuels cheval et poney hackney –, et le cheval morgan d'Amérique (chapitre 5).

Sa robe noire et sa prestance lui valaient jadis sa popularité comme cheval funéraire, attelé au corbillard. Il avait aussi la faveur des écuyers de cirque, et les premiers frisons sont entrés dans les écoles d'équitation de France et d'Espagne, où ils excellaient dans les airs de la Haute École. Les attelages de frisons, formant un bel ensemble noir uniforme, sont toujours appréciés, pour le seul plaisir des yeux ou pour la compétition.

**Ci-dessus et à droite :** *Le magnifique frison doit beaucoup à l'andalou, dont l'influence apparaît sur sa tête noble et dans ses allures actives.*

« Petit cheval compact, le frison a une belle prestance et des allures relevées impressionnantes. »

## CHEVAUX D'EUROPE

**Ci-contre :** *Les chevaux à sang chaud associent des allures souples, une belle prestance et un tempérament affable.*

« *Le cheval à sang chaud est très recherché pour la compétition et il domine presque la piste de dressage.* »

**Ci-dessous :** *L'oldenbourg est le plus lourd des chevaux allemands à sang chaud, qui comprennent le hanovrien, le trakehner et le holstein.*

EN MATIÈRE DE PERFORMANCES athlétiques, rien ne surpasse le cheval à sang chaud. Au XXI$^e$ siècle, il est très recherché pour la compétition et domine presque la piste de dressage. L'évolution du cheval à sang chaud a commencé lorsque les éleveurs ont cherché à produire un cheval pouvant servir au trait lourd, à l'attelage et à la cavalerie. À mesure que les armements perdaient en poids et en encombrement, un cheval plus léger, plus agile, s'imposait. Enfin, le développement de l'équitation comme sport de loisir suscita la production d'un cheval à la robe plus soyeuse.

Le cheval moderne à sang chaud doit son nom au fait qu'il est issu d'un mélange de pur-sang – comme l'arabe ou le pur-sang anglais –, et de sang froid – le cheval de trait dérivé du cheval des forêts primitives. Il en résulte un grand cheval de selle, associant des allures souples, une belle prestance et un tempérament affable. Les principales races à sang chaud comprennent l'oldenbourg – le plus lourd des chevaux allemands à sang chaud –, le selle français, le hanovrien, le trakehner, le holstein, le hollandais, le danois, le suédois.

## LES PLUS BEAUX CHEVAUX DU MONDE

Peut-être le plus prestigieux de tous les chevaux à sang chaud, le hanovrien est très recherché pour le saut d'obstacles et le dressage. Il a tiré les carrosses britanniques jusqu'au début du XXe siècle. Ce superbe animal aux membres puissants déploie des allures actives et régulières.

Les premiers hanovriens furent élevés au haras de Celle, fondé en 1735 par George II, électeur de Hanovre et roi d'Angleterre. Les étalons fondateurs étaient des holsteins, puissants chevaux d'attelage, puis des croisements avec des pur-sang améliorèrent la race. L'influence du pur-sang apparaît sur la tête du hanovrien, nettement découpée, avec de grands yeux vifs. L'élevage des hanovriens se poursuit à Celle, où les pur-sang et les trakehners servent toujours d'améliorateurs. Les performances des chevaux sont testées en permanence, pour s'assurer qu'ils répondent bien à l'idéal hanovrien, l'accent étant mis sur la puissance, l'équilibre et l'intelligence.

**Pages précédentes :** *Cheval à sang chaud polyvalent, le superbe selle français est très renommé.*

**Ci-dessous, ci-contre et double page suivante :** *L'imposant hanovrien est peut-être la plus performante de toutes les races à sang chaud.*

**Ci-dessus :** *À l'origine cheval de bataille, le holstein moderne est très prisé pour la compétition et la chasse.*

**Ci-contre :** *L'apport de sang oriental et espagnol, associé à une forte influence pur-sang, a enrichi la qualité du holstein.*

LE PUR-SANG A ÉGALEMENT SERVI d'améliorateur au holstein qui, au fil du temps, a évolué du cheval de bataille au cheval de compétition, très recherché pour la chasse, le saut d'obstacles, le concours complet et le dressage. Le holstein moderne photographié sur ces pages est beaucoup plus léger que les sujets plus anciens de la race, présentant une tête plus fine et généralement davantage de qualités.

Il existe des témoignages sur le holstein remontant à 1285 dans la région du Schleswig-Holstein, à laquelle il doit son nom. Comme nombre des chevaux à sang chaud, il a bénéficié de l'apport de sang espagnol et oriental ainsi que pur-sang.

**Ci-dessus :** *Le trakehner est sans doute le plus élégant de tous les chevaux à sang chaud.*

**À gauche :** *Associant une excellente conformation à des allures athlétiques, le trakehner est le cheval de compétition idéal.*

L E TRAKEHNER EST PEUT-ÊTRE le plus élégant de tous les chevaux à sang chaud et le plus proche de l'idéal du cheval de compétition. Originaire de Prusse orientale – dans l'actuelle Lituanie –, il a été produit au haras royal de Trakehnen, fondé en 1732 par le roi Frédéric-Guillaume I$^{er}$. Il était connu à l'origine sous le nom de cheval prussien de l'Est.

L'apport de sang arabe et de pur-sang a engendré une race plus légère, plus fine. L'influence de ce dernier apparaît dans la superbe tête qui, selon certains, a davantage de panache que celle des autres chevaux à sang chaud. Sa longue encolure élégante et ses épaules puissantes trahissent l'héritage pur-sang. Il atteint environ 1,60 m au garrot, présentant une excellente conformation, bien équilibrée, associée à des allures athlétiques, libres et actives.

Le ballet des étalons blancs de l'École espagnole de Vienne reste gravé dans la mémoire de tous ceux qui le découvrent. Les magnifiques chevaux exécutent sauts et pirouettes dans les extraordinaires « airs relevés », avec une grâce et des aptitudes physiques impressionnantes.

Il s'agit des lipizzans, de réputation mondiale, dérivés du cheval ibérique (chapitre 3) – comme en témoigne le terme d'« espagnol » figurant dans le nom de l'école. Ils doivent leur nom à leur lieu de naissance, en 1580, Lipizza (ou Lipica), dans l'actuelle Slovénie, qui faisait alors partie de l'Empire austro-hongrois.

Cheval compact, musclé, le lipizzan est presque gris, s'éclaircissant vers le blanc avec l'âge, hormis quelques spécimens bais, dont l'un réside à l'École espagnole de Vienne. Les lipizzans de l'école sont élevés à Piber, en Autriche, mais des haras sont également spécialisés dans cette race en Hongrie, Slovaquie, Slovénie et Roumanie. Le lipizzan moderne est issu de cinq étalons seulement, possédant chacun ses propres caractéristiques.

**En haut et ci-contre :** *Le lipizzan, de renommée mondiale, est un cheval trapu, musclé, dérivé du cheval ibérique.*

LE SANG ESPAGNOL EST ÉGALEMENT présent chez le bai de Cleveland, cheval de bât et de trait anglais remontant au Moyen Âge. Dénommé à l'origine cheval de Chapman, c'est l'une des plus anciennes races britanniques.

Élevé anciennement dans les collines de Cleveland, dans le Yorkshire, il servait aux travaux agricoles et au transport des chargements de laine, base de l'économie du pays au XVIIe siècle. Il fut ensuite amélioré pour répondre à la demande d'un cheval d'attelage plus grand, plus léger, et il tire toujours les carrosses de la cour d'Angleterre. Doté d'une ossature comparable à celle du pur-sang, qu'il transmet lorsqu'il se mélange à d'autres races, c'est un excellent cheval d'équitation.

Il déploie des aptitudes au saut, ainsi qu'à la chasse lorsqu'il est croisé avec un pur-sang. Sa robe, toujours baie, porte des points noirs, et aucune marque blanche, sinon, parfois, une petite étoile blanche.

**Ci-dessus et à droite :** *En 2003, le bai de Cleveland fut déclaré menacé par la société anglaise chargée de la défense des races en voie de disparation. Une étude entreprise en 1997 estimait à cent cinquante le nombre de poulinières dans ce pays.*

Chapitre 5

# CHEVAUX DES AMÉRIQUES

LES PLUS BEAUX CHEVAUX DU MONDE

# CHEVAUX DES AMÉRIQUES

*Lorsque les chevaux furent réintroduits dans le Nouveau Monde au XVI$^e$ siècle, ils terrifièrent les Indiens, qui n'avaient encore jamais rencontré de tels animaux.*

VU LE NOMBRE ET LA VARIÉTÉ considérables de races équines existant actuellement en Amérique du Nord et du Sud, il paraît surprenant que les chevaux n'y furent réintroduits qu'au XVI$^e$ siècle.

On pense que des équidés vivaient en Amérique des centaines de milliers d'années auparavant, après avoir traversé le pont terrestre qui reliait alors les grands continents. Mais, chassés jusqu'à l'extinction pour leur viande, ils disparurent d'Amérique pendant près de huit mille ans, jusqu'à l'arrivée des Espagnols.

Les Espagnols allaient conquérir le Mexique et l'Amérique du Sud au XVI$^e$ siècle, Hernán Cortés se rendant maître de l'Empire aztèque et Francisco Pizarro soumettant les tribus incas du Pérou. Lorsqu'il accosta au Mexique en 1519, Cortés apportait avec lui seize chevaux en plus de son armée. Ces animaux impressionnèrent beaucoup les Aztèques, qui n'en avaient encore jamais vu.

Comme leurs cavaliers, les chevaux portaient une armure, prenant aux yeux des indigènes effrayés des allures de centaures, mi-hommes mi-animaux. Lorsqu'un cavalier

tombait à terre, les Aztèques avaient l'impression que ces êtres terrifiants se déchiraient en deux.

Parmi les seize chevaux de Cortés, il y avait onze étalons, dont l'un était tacheté, les autres pie, et cinq juments. Ils allaient devenir les fondateurs des races de chevaux des États-Unis, chez lesquelles les robes tachetées et composées sont légion.

Lors d'une incursion au Honduras en 1524, le cheval de Cortés, El Morzillo – « le Noir » – se blessa grièvement au pied et ne put poursuivre son chemin. Cortés laissa le cheval aux Indiens, avec l'intention de le reprendre, sans toutefois y parvenir. Malgré les efforts déployés par les Indiens, qui n'avaient aucune idée des soins à prodiguer à cet étrange animal, El Morzillo périt, sans doute de malnutrition. Craignant des représailles de l'homme blanc, les Indiens réalisèrent une effigie du cheval, qu'ils vénérèrent sous les traits du dieu Tziunchan – le dieu du Tonnerre et des Éclairs –, jusqu'à sa destruction par des missionnaires en 1697. À cette époque, le cheval était fermement réimplanté dans le Nouveau Monde.

Le mustang (chapitre 1) est sans doute issu de ces premiers chevaux – d'origine andalouse et barbe –, dont certains se reproduisirent à l'état sauvage après s'être échappés. Ce serait aussi le cas du poney galiceno du Mexique – qui doit son nom à la Galicie, dans le nord-ouest de l'Espagne –, introduit au XVIe siècle par les Espagnols depuis l'île d'Hispaniola (aujourd'hui Haïti). Le premier haras américain fut fondé à Hispaniola, d'autres s'ouvrant ensuite à Cuba, Porto Rico et à la Jamaïque.

Après le mustang, la race la plus célèbre d'Amérique est probablement le quarter horse, ainsi baptisé parce qu'il fut élevé pour courir sur un quart de mile, soit environ 400 m. Il ne s'agit en aucun cas d'un « quart de pur-sang », comme certains le prétendent parfois.

Le quarter horse était connu à l'origine sous le nom de « Cheval courant un quart », « Cheval court », car il courait sur de courtes distances, ou encore sous celui de « Fameux cheval américain du quart de mile ». Il fut élevé au départ

**Ci-dessus :** *L'allure souple du quarter horse en fait une monture idéale pour la plupart des disciplines équestres.*

**Page de gauche :** *Ces yearlings quarter horse manifestent déjà la curiosité indissociable de l'intelligence exceptionnelle de la race.*

**Pages précédentes, à gauche :** *Le quarter horse, la race la plus connue des États-Unis, fut produite à l'origine pour courir sur de courtes distances.*

**Pages précédentes, à droite :** *Ce superbe National Show Horse américain, au port altier, est issu d'un croisement entre un arabe et un cheval de selle américain.*

sur la côte est des États-Unis, en Virginie et dans les environs. Descendant des premiers chevaux espagnols, il a reçu du sang arabe, puis anglais. Dix-sept juments et étalons anglais furent importés en Virginie en 1611. Appartenant à la souche anglaise des chevaux de course, précurseurs du pur-sang (chapitre 4), ces spécimens étaient sans doute étroitement apparentés au poney écossais galloway, désormais éteint, et au irish hobby, ancêtre du connemara.

Race américaine la plus ancienne du continent, le quarter horse compte douze familles, qui doivent toutes beaucoup aux premiers pur-sang. L'étalon Janus fut importé en 1752, et à sa mort, en 1780, il laissa derrière lui un fils du même nom qui fonda l'importante lignée Printer. Sir Archy, fils du gagnant du derby, Diomed (chapitre 4), contribua également à l'évolution du cheval de selle américain. Les familles Old Billy, Cold Deck, Shiloh et Steel Dust remontent toutes à Sir Archy, tandis que Joe Bailey et Peter McCude, deux des étalons les plus célèbres du XXe siècle, sont ses descendants.

CHEVAUX DES AMÉRIQUES

**Ci-dessus :** *S'ébattant dans les luxuriants pâturages du Maryland, ce quarter horse est un modèle de beauté faite de puissance et d'élégance.*

**En haut, à droite :** *Ces deux spécimens sont représentatifs de la conformation compacte et élégante de la race, réputée pour son agilité.*

**À gauche :** *Le quarter horse peut arborer n'importe quelle couleur franche, y compris le gris, la plus courante étant cependant l'alezan.*

Élevé à l'origine pour la vitesse, le quarter horse est toujours le sprinter le plus rapide. Relativement petit, il ne dépasse guère 1,50 m au garrot. Il possède une croupe et des postérieurs très musclés – permettant des accélérations rapides – et de puissants antérieurs.

Le quarter horse doit sans doute son déclin au développement des courses sur de grandes distances – dû à l'influence croissante du pur-sang anglais. Toutefois, son célèbre sprint sur un quart de mile était peut-être le moindre de ses atouts.

On dit du quarter horse qu'il peut partir comme un lièvre et s'arrêter dans un mouchoir de poche, et c'est son agilité qui l'a sauvegardé pour la postérité. Mais lorsqu'il apparut sur la côte est de l'Amérique du Nord au XIXe siècle, au moment où les colons commençaient à se disperser à travers le continent, il servait autant comme cheval d'attelage que de selle.

Dans les États de l'Ouest, les qualités du quarter horse en firent un excellent cheval de ranch, doué d'un sens inné pour le travail avec le bétail. Ce qui ne paraît guère surprenant, étant donné ses origines espagnoles – les chevaux ibériques étaient renommés pour leurs prouesses dans ce domaine.

À la fois puissant et placide, c'est l'un des plus rapides chevaux du monde, mais aussi des plus polyvalents. De nos jours, le stud-book du quarter horse, le plus volumineux du monde, recense plus d'un million et demi d'individus.

Associant agilité, intelligence et une nature affable, ce petit cheval trapu constitue la monture idéale de presque tous les cavaliers, de l'enfant novice au cow-boy expérimenté.

*Ci-contre : Cet appaloosa léopard porte l'un des cinq motifs de robe distinctifs de la race – des taches sombres sur l'ensemble du corps blanc. Cette race était prisée des tribus indiennes, autant pour sa robe que pour sa nature résistante et docile.*

*Ci-dessus : Le quarter horse est l'une des races les plus populaires du monde.*

« Race américaine la plus ancienne du continent, le quarter horse compte douze familles, toutes marquées par l'influence du pur-sang. »

# CHEVAUX DES AMÉRIQUES

Si le quarter horse doit sa popularité à ses nombreux atouts, c'est l'étonnante robe tachetée de l'appaloosa qui a contribué à sa renommée. Cette race aisément identifiable a été développée par la tribu indienne des Nez-Percés, dans les États de l'Oregon, de Washington et de l'Idaho. Elle doit son nom à la vallée de la Palouse, l'une des principales régions d'élevage. On sait que les premières importations de chevaux espagnols comprenaient des lignées tachetées, et ces gènes se propagèrent. Les Indiens, qui prisaient les marques distinctives de ces chevaux autant que leur résistance, opérèrent une sélection stricte, castrant les mâles qu'ils jugeaient impropres à la reproduction, échangeant avec d'autres tribus des poulinières ne répondant pas au standard. L'appaloosa moderne se distingue par cinq motifs de robe : léopard (corps blanc avec taches sombres), flocons de neige (taches blanches sur tout le corps, mais concentrées sur l'arrière-main), capé (arrière-main blanche ou tachetée), marbré (taches sur tout le corps), et givré (mouchetures blanches sur corps foncé).

LES PLUS BEAUX CHEVAUX DU MONDE

En dehors de sa coloration, l'appaloosa possède d'autres traits distinctifs. Sa queue est généralement peu fournie, ce que les Nez-Percés appréciaient beaucoup, car elle risquait moins d'être prise dans les buissons. La race se distingue aussi par la présence d'une sclérotique blanche – membrane oculaire qui entoure l'iris –, et par des mouchetures autour de la bouche. Ses pieds portent souvent des stries verticales. Après l'extermination des Nez-Percés et de leurs chevaux par l'armée américaine en 1876, la race fut réintroduite, et elle est toujours appréciée de nos jours pour sa vitesse et son endurance.

**Ci-dessus :** *Cet appaloosa est représentatif de sa race, avec la sclérotique blanche autour de l'œil, ainsi que les mouchetures sur le nez et les lèvres.*

**Ci-contre :** *Le National Show Horse américain associe la beauté de l'arabe et la prestance du cheval de selle américain.*

LES PLUS BEAUX CHEVAUX DU MONDE

« Le cheval de selle américain se prête autant à l'attelage qu'il brille dans les présentations sur piste. »

**À gauche et ci-dessus :** *Ces jeunes chevaux de selle américains affichent la beauté de la race, qui doit beaucoup au pur-sang, toujours présent dans le Kentucky.*

Le cheval de selle américain (American Saddlebred) associe une allure exceptionnelle et une grande prestance. Baptisée à l'origine cheval de selle du Kentucky, la race a pour origine deux ambleurs anciens, celui du Canada et de Narrangasett.

À la fois utilitaire et spectaculaire, le cheval de selle américain rappelle le hackney anglais, avec son allure relevée, et il se prête autant à l'attelage qu'il brille dans les présentations sur piste.

Élevé principalement dans la plaine de Blue Grass, au Kentucky, il a été amélioré par des pur-sang.

Le cheval de selle américain est souvent considéré comme « la race la plus mal comprise d'Amérique du Nord », sa mauvaise réputation étant due en grande partie à son image frelatée, sur la piste de dressage. Les spécimens à trois allures effectuent le pas, le trot et le petit galop. Ceux à cinq allures accomplissent en plus le *slow gait* (pas lent) et le *rack* (amble rompu à quatre temps).

**Ci-dessus :** *Une jument pur-sang déploie son allure de course.*

**À gauche :** *Ce nouveau-né pur-sang vit ses premiers jours dans l'un des principaux haras des États-Unis. Le monde du pur-sang américain est centré sur sa capitale Lexington, au Kentucky, où se dresse une statue de Man O'War, ou Big Red, « le Grand Roux », l'un des plus célèbres pur-sang du xx$^e$ siècle. Il n'essuya qu'une seule défaite en course, et à sa mort, en 1947, plus d'un millier de personnes assistèrent à ses funérailles.*

**Page de droite :** *Le pur-sang est une valeur sûre, dont la popularité n'a jamais cessé de croître à travers le monde.*

**Ci-dessus et page de droite :** *Le poney des Rocheuses possède une robe de couleur foncée, chocolat, inhabituelle chez les autres descendants des importations espagnoles. Cet animal trapu, non dénué de charme, se distingue aussi par sa crinière et sa queue fournies, de couleur blanche.*

Si LE CHEVAL DE SELLE américain est renommé pour sa beauté, le poney des Rocheuses a été élevé pour sa fonction utilitaire. Comme la plupart des chevaux américains, ses origines remontent aux importations espagnoles, mais la race doit son évolution à un dénommé Sam Tuttle, du Kentucky, et à un étalon fondateur, Old Tobe. Tuttle a fourni des chevaux pour tous les niveaux de cavaliers, Old Tobe transmettant à sa progéniture ses allures souples, sa conformation agréable et son tempérament affable.

Si aucun standard n'a été défini pour le poney des Rocheuses – le stud-book, ouvert en 1986, n'en compte qu'environ deux cents –, cet animal trapu atteint environ 1,42 m au garrot. Et bien qu'il ait été élevé à des fins pratiques plutôt qu'esthétiques, il n'est pas dénué de charme, avec sa robe d'une couleur inhabituelle.

Le paso péruvien et son cousin le paso fino ont également une belle prestance et présentent des ressemblances frappantes avec leurs cousins andalous. Comme le cheval de selle américain et le cheval du Tennessee, ces races se distinguent par leurs allures. Le terme *paso* signifie « pas ». Le paso péruvien apparut d'abord au Pérou, issu de chevaux importés par le conquistador Francisco Pizarro. Il comprendrait un quart de sang andalou et trois quarts de sang barbe. Le paso fino, son proche parent, est originaire de Porto Rico.

À droite et ci-dessous : *Le paso fino de Porto Rico (à droite) est étroitement apparenté au paso péruvien (ci-dessous), descendant des chevaux espagnols introduits au Nouveau Monde par Francisco Pizarro.*

**Ci-dessus :** *Le paso péruvien possède une nuque arquée, musclée, une crinière et une queue abondantes. Si les robes baies et alezanes sont les plus courantes, on rencontre toutes les couleurs franches ainsi que des robes composées.*

**À gauche :** *Cet étalon paso fino affiche le brio propre à la race, mélange de fougue et d'intelligence. Il témoigne aussi de la ressemblance avec l'andalou, auquel il est étroitement apparenté.*

**Double page suivante :** *Le paso péruvien possède des allures très spécifiques, comprenant le paso fino, le paso corto et le paso largo, acquises par l'hérédité et non par l'apprentissage.*

Après avoir fait l'objet d'un élevage hautement sélectif pendant trois cents ans, le paso péruvien a développé un trait distinctif, son allure latérale, à laquelle il doit sa réputation. Ses antérieurs déploient une action très relevée, tandis que ses puissants postérieurs et sa croupe abaissée le poussent vers l'avant.

On distingue trois allures – le *paso fino,* mouvement très cadencé ; le *paso corto,* pas lent et rassemblé ; le *paso largo,* allure rapide étendue, très confortable pour le cavalier, et que le cheval peut conserver sur une certaine distance. Cet équidé de taille moyenne ne dépasse pas 1,50 m au garrot. Résistant et énergique, il est capable de maintenir une vitesse régulière de 17,5 km/h sur les terrains difficiles, caractéristiques de son pays.

Le paso fino de Porto Rico possède les mêmes allures, qui lui sont naturelles – acquises par l'hérédité plutôt que par l'apprentissage. Deux autres races américaines présentent aussi des allures particulières : le cheval de selle et le cheval du Tennessee (Tennessee Walking Horse).

CHEVAUX DES AMÉRIQUES

Le cheval du Tennessee (Tennessee Walking Horse) est connu pour son pas de course très caractéristique, auquel il peut maintenir des vitesses atteignant 14,5 km/h. D'origine espagnole, il est issu d'un mélange de pur-sang, de morgan et de cheval de selle américain. Il présente trois allures particulières : le pas rasant, le pas de course et un petit galop souple et confortable. Comme chez le paso, ces allures sont acquises par l'hérédité et non par l'apprentissage. Ce cheval doit sa popularité à son action ample, particulièrement prisée des planteurs du sud des États-Unis, qui s'en servaient comme monture pour surveiller les cultures.

Cet animal à ossature solide, au tempérament fiable et équilibré, se révèle un choix idéal comme cheval de loisir, et comme monture pour cavaliers novices ou craintifs. Toutes les couleurs se rencontrent, le noir et l'alezan étant les plus répandues.

À gauche, ci-contre et ci-dessus : *Le cheval du Tennessee figure parmi les races d'Amérique du Nord à l'allure exceptionnelle.*

C'EST UNIQUEMENT EN AMÉRIQUE, et depuis 1963, que le paint – connu anciennement sous la dénomination pinto – est considéré comme une race à part entière, pas seulement comme une couleur. Il doit son nom d'origine à l'espagnol pintado, ou « peint », qui le représente à merveille.

Le paint peut être « overo » ou « tobiano ». L'overo, à la robe foncée tachetée de blanc, se rencontre couramment en Amérique du Sud, tandis que le tobiano, blanc avec de grandes taches foncées nettement définies, vit en Amérique du Nord. Le paint atteint 1,50 m à 1,60 m au garrot.

**Ci-dessous :** *Ce superbe paint américain est « overo » – il arbore une robe alezane tachetée de blanc. Le paint, ou pinto, doit son nom à l'espagnol* pintado, *signifiant « peint ».*

**Ci-dessus :** *Le cheval paint était très prisé des Indiens d'Amérique pour sa robe composée servant de camouflage, comme l'illustrent ces jeunes spécimens.*

« C'est uniquement en Amérique, et depuis 1963, que le paint – connu anciennement sous le nom de pinto – est considéré comme une race à part entière, pas seulement comme une couleur. »

**Ci-contre :** *L'overo, à la robe foncée tachetée de blanc, serait le produit d'un gène récessif, tandis que le tobiano, portant de grandes taches foncées, possède un gène dominant.*

**Ci-dessus :** *Le paint, ou pinto, n'est reconnu comme race qu'en Amérique. La société qui le représente aux États-Unis partage la race en quatre types – « stock horse », chasse, loisir et selle.*

**À droite :** *Le trotteur du Missouri (Missouri Fox Trotter), l'une des races américaines les moins connues, était élevé à l'origine pour la course, mais son action souple et confortable, ainsi que sa capacité à parcourir de grandes distances à vive allure, en ont fait un cheval de choix pour la randonnée.*

**À gauche :** *Cheval familier des amateurs de westerns, le palomino, de couleur crème ou dorée, est reconnu comme race aux États-Unis*

## CHEVAUX DES AMÉRIQUES

**Ci-contre :** *On suppose que le géniteur du premier morgan était un pur-sang, un frison ou un welsh cob. Selon l'éminent spécialiste Anthony Dent, «Justin Morgan était certainement un welsh cob, enrichi de sang arabe ou pur-sang.»*

**Ci-dessous :** *Ce superbe étalon morgan est représentatif de la race avec sa tête fine, au profil droit, son expression douce et intelligente.*

De toutes les races américaines, le morgan, la plus ancienne, est unique dans la mesure où elle remonte à un seul ancêtre – baptisé à l'origine Figure, il prit ensuite le nom de son propriétaire, Justin Morgan, à la mort de ce dernier. Né vers 1790, il fut acquis par son propriétaire à l'âge de deux ans. Toisant seulement 1,40 m au garrot, il était très fort, et il transmit sa puissance, son endurance et son allure relevée à sa progéniture.

Son ascendance est inconnue, même si, selon certaines théories, son géniteur était un pur-sang, un frison ou un welsh cob.

Quelles que soient les origines du morgan, ce petit cheval résistant, à la nature charmante, a exercé une influence déterminante sur les races américaines.

Chapitre 6
# PONEYS DU MONDE

# PONEYS DU MONDE

*Intelligent, astucieux, rusé et bienveillant, le poney est capable d'user de tout son pouvoir de séduction pour émouvoir le cœur le plus endurci.*

Tour à tour angélique et mutin, le poney, par le biais de son charme, séduit les plus petits comme les adultes les plus endurcis. Intelligent, astucieux, rusé et bienveillant, il use et abuse de tous ses atouts pour obtenir ce qu'il veut de l'homme.

Nombreuses sont les races de poneys descendant à la fois de l'arabe (chapitre 2) et du cheval ibérique (chapitre 3). La Grande-Bretagne, toutefois, est le berceau de certaines des races les plus anciennes et les plus prisées – neuf au total, qui sont appréciées et exportées dans le monde entier.

Natif des landes du même nom, dans le sud-ouest de l'Angleterre, le poney exmoor apparaît dans le *Domesday Book*, registre établi en 1086 par Guillaume le Conquérant, mais on pense qu'il descendrait des poneys celtiques du pléistocène. Du sang espagnol participe également à son pedigree ; en 1815, un étalon nommé Katerfelto traversa la région. Il fut capturé, mais personne ne parvint à déterminer son origine. Ce cheval louvet portait des points noirs et une raie de mulet. On rencontre parfois aujourd'hui dans l'Exmoor des poneys à robe louvet, seule couleur admise avec le bai et le brun.

**Page précédente :** *Poney au charme irrésistible, l'exmoor peut porter un adulte léger, malgré sa petite taille.*

**Ci-dessus :** *L'exmoor a des marques blanches autour des naseaux et des yeux proéminents «de crapaud»; la paupière supérieure, tombante, le protége contre les rigueurs des landes.*

**Page ci-contre :** *Solide et endurant, l'exmoor mène une existence semi-sauvage sur les landes éponymes.*

Connu pour son charme irrésistible, l'exmoor, originaire du nord des Cornouailles, est un petit équidé trapu, robuste, à la tête élégante, portant des marques blanches autour des naseaux. Ses yeux «de crapaud» proéminents sont protégés des éléments des landes par une paupière supérieure tombante. Menant une existence semi-sauvage, même si certains troupeaux appartiennent à des propriétaires, les poneys se montrent généralement espiègles avec l'homme ; ils craignent les chiens, réminiscence probable de l'ancienne peur atavique des meutes de loups.

Autre particularité de la race, la queue «de glace», épaisse et à l'extrémité en éventail, assure une protection contre la pluie et la neige. L'exmoor possède l'amorce d'une septième molaire, inexistante chez les autres races équines.

Malgré sa force, la bienveillance de l'exmoor en fait une monture idéale pour les enfants. Il figure hélas sur la liste des races en danger en Grande-Bretagne.

> « *Malgré sa force, la nature bienveillante de l'exmoor en fait une monture idéale pour les enfants.* »

**Ci-dessous :** *La conformation du dartmoor, ainsi que son action aisée, le rendent apte à l'équitation enfantine. Les croisements avec les pur-sang et les arabes en font une monture polyvalente.*

## PONEYS DU MONDE

Voisin de l'exmoor, le dartmoor est lui aussi menacé de disparition. La race s'est presque éteinte durant la Seconde Guerre mondiale.

La race dartmoor conserva son intégrité génétique jusqu'au début du XIXe siècle en raison de son isolement. Puis elle s'enrichit d'apports de sang welsh et arabe, mais un croisement avec le shetland, visant à produire des poneys destinés à l'extraction minière, se révéla désastreux pour elle.

Il reste à espérer que le dartmoor continuera à vivre, car son action aisée et son remarquable caractère en font un poney idéal pour l'équitation, et il se révèle d'une grande polyvalence lorsqu'il a été amélioré par du sang arabe ou pur-sang. Ses pieds durs et sûrs, ses allures franches et dégagées le rendent particulièrement apte à l'équitation enfantine. Les sujets bais, bruns ou noir pur possèdent peu ou pas de marques blanches.

> « La race dartmoor conserva son intégrité génétique jusqu'au début du XIXe siècle, en raison de son isolement. »

**Ci-dessus :** *Comme l'exmoor, le dartmoor figure sur la liste des espèces menacées de disparition en Grande-Bretagne.*

**Ci-contre :** *Le dartmoor peut être bai, brun ou noir. Ce spécimen pie, à droite, n'est pas un pur dartmoor, et il ne peut être admis dans la race.*

Pour le premier poney d'un enfant, rien de tel qu'un new forest. Intelligent, docile, de nature agréable et plein de bonne volonté, il a aussi le pied sûr.

La race s'est enrichie de nombreux apports. Dès le XIIIe siècle, l'existence de poneys est attestée dans la région de New Forest, dans le Hampshire, au sud de l'Angleterre, et l'on sait que le pur-sang Marske – géniteur du prestigieux Eclipse – saillit des juments de la race au XVIIIe siècle. Du sang arabe et barbe fut ajouté au XIXe siècle. En 1918-1919, le poney de polo Field Marshall contribua à l'évolution de la race. De nombreux poneys de dressage ont du sang new forest.

Cet animal robuste et polyvalent est très prisé comme poney d'équitation pour son action lente et durable, ainsi que pour son petit trot glissé. Toisant 1,42 m au garrot, le new forest peut facilement transporter des adultes.

**En haut :** *Protégé par son épaisse robe en hiver, et menant une existence semi-sauvage dans le Hampshire, le new forest moderne est un poney robuste, polyvalent, qui a bénéficié d'apports extérieurs.*

**Ci-dessus :** *Pouvant porter adultes et enfants, le new forest se distingue par son action lente et durable, et son élégant petit trot glissé.*

NATIF D'IRLANDE, LE CONNEMARA est une excellente monture de loisir, autant pour les adultes que les enfants. Cette race, la seule indigène du pays, doit son nom à la région sauvage à l'ouest. Ses précurseurs, le irish hobby, ainsi que le poney écossais galloway, ont joué un rôle majeur dans l'évolution du pur-sang. Plus tard, le connemara a bénéficié de l'apport de sang arabe et clydesdale. La tête racée de l'actuel connemara témoigne de l'influence orientale. Le welsh et le pur-sang ont également contribué à l'amélioration de la race, considérée comme l'une des meilleures du monde.

Si la couleur isabelle dominait jadis, avec des points noirs et une raie de mulet foncée, le connemara est généralement gris aujourd'hui, le bai et le brun étant toutefois admis. À sa terre d'origine, les marécages sauvages d'Irlande, il doit son endurance, ses membres ossus et ses pieds sûrs, qui en font un excellent sauteur.

**En haut et ci-dessus :** *Le connemara est généralement gris, mais il existe des spécimens bais et bruns.*

LES PONEYS DALES ET FELL, du nord de l'Angleterre, sont également recensés dans ce pays comme « vulnérable » pour le premier, « en danger » pour le second. Connu depuis l'époque romaine, le fell s'utilisait pour le trait et le bât. Les moines cisterciens auraient introduit la robe grise, le cheptel « blanc » étant le symbole des biens monastiques. Parmi les couleurs les plus courantes figurent le noir, le brun ou le bai. Puissant et endurant, bien que ne dépassant pas 1,40 m au garrot, le fell s'utilise aujourd'hui pour l'équitation, l'attelage et les travaux agricoles. Il est particulièrement précieux pour les bûcherons, son agilité et ses pieds sûrs lui permettant d'évoluer sur des pentes trop abruptes pour les tracteurs.

Le dales était très prisé jadis pour les travaux agricoles et pour sa capacité à acheminer les lourdes charges de plomb sur des terrains rocailleux, des mines aux ports du Nord-Est. Il servait également au transport de l'artillerie dans l'armée.

Un peu plus haut que le fell, il se distingue par ses allures exceptionnelles, qui en font un poney idéal pour l'équitation et l'attelage. Il s'est enrichi des apports de sang welsh cob et clydesdale, l'influence de ce dernier apparaissant chez les spécimens gris, bien que la couleur noire prédomine.

L'apport de sang welsh cob – il y a un siècle, par l'étalon Comet – contribue à la beauté de l'action du dales.

Toutefois, ses origines anciennes remontent sans doute au frison, avec lequel il présente des ressemblances. Sa tête distinguée repose sur une encolure courte et épaisse, un corps puissant et musclé. Sa crinière et sa queue abondantes sont équilibrées par des fanons épais en bas des membres. Sa nature douce et docile en fait une monture idéale pour les enfants, tandis que sa force lui permet de transporter facilement les adultes.

**Ci-dessus :** *Comme le fell, le dales est connu pour sa force et ses allures superbes.*

**En haut, à droite :** *Puissant et endurant, le fell se prête autant à l'équitation qu'à l'attelage et aux travaux agricoles ; la race est reconnue depuis l'époque romaine.*

**Ci-contre :** *Le highland vivait jadis en quasi-liberté en Écosse.*

L E HIGHLAND VIVAIT EN QUASI-LIBERTÉ en Écosse jusqu'à la fin du Moyen Âge. Il en existait deux types, le petit des îles Hébrides et le grand, plus lourd, des hautes terres. Aujourd'hui, ils ne sont plus différenciés, à l'exception d'un troupeau semi-sauvage sur l'île de Rhum, appartenant au premier type, et qui conserve les anciennes variantes de couleur de la race, du crème au gris, souris et isabelle. La plupart des couleurs franches se rencontrent aujourd'hui – généralement avec une raie de mulet et des zébrures sur les membres. La tête bien proportionnée du highland, fine et expressive, trahit l'influence arabe, avec de petites oreilles et de grands yeux doux. Il présente une encolure puissante et rouée, un dos court et large, une croupe musclée.

Façonné par les rigueurs du climat écossais, le highland se prête à tous les usages. Les fermiers écossais l'employaient pour leurs déplacements, l'attelage, le bât, les travaux agricoles. Sa robustesse et sa tranquillité lui valent d'être toujours prisé des chasseurs de cerfs dans les Highlands. Sa nature généreuse en fait un animal polyvalent – le croisement avec un pur-sang produisant un excellent chasseur.

*« La tête bien proportionnée du highland, fine et expressive, trahit l'influence arabe, avec de petites oreilles et de grands yeux doux. »*

**À droite :** *Une jument highland et son poulain.*

Il n'est guère de milieu plus hostile que les îles Shetland, au large de l'Écosse. La résistance de la race indigène est légendaire, de même que sa puissance – le poney shetland serait le plus fort de tous les équidés. Cette race ancienne serait étroitement apparentée aux poneys de Scandinavie, qui auraient atteint les îles écossaises avant qu'elles ne se séparent du continent, vers 8000 av. J.-C.

Sans doute influencé par le poney celtique, introduit en Écosse aux II$^e$ et III$^e$ siècles apr. J.-C., le shetland n'a guère évolué au cours des siècles suivants.

Il présente une tête expressive et bien proportionnée, de petites oreilles placées et portées haut, un large front dénotant son intelligence. Ses grands naseaux réchauffent l'air avant qu'il n'atteigne ses poumons, caractéristique courante chez les équidés des latitudes nord, tandis qu'en hiver, sa robe épaisse et imperméable le protège de la pluie et du vent.

Le stud-book tenu par la Société française du poney Shetland est partagé entre les poneys nés en France de père et de mère inscrits, et ceux jugés conformes au standard de la race. Toutes les couleurs sont admises, y compris le pie, à l'exception des robes tachetées.

**Ci-contre et page de droite :** *Le stud-book du shetland admet toutes les couleurs, même le pie, mais pas les robes tachetées.*

## PONEYS DU MONDE

*« Il doit avoir la tête concave de l'arabe, le corps musclé du quarter horse et les marques distinctives de l'appaloosa. »*

DE PLUS EN PLUS PRISÉ EN Europe, le shetland suscite un tel engouement aux États-Unis qu'il y a engendré la naissance d'une lignée américaine. Croisé avec des poneys hackney et, ensuite, de petits chevaux arabes, il est plus vigoureux que la race originale. Le shetland a également participé à la production du poney des Amériques, le croisement d'un étalon shetland avec une jument appaloosa ayant engendré une robe très tachetée.

C'est un juriste, Les Boomhower de Mason City, dans l'Iowa, qui est à l'origine de la production du poney des Amériques. Il se vit offrir une jument arabe-appaloosa et son poulain, fruit de l'accouplement de sa mère avec un shetland, qu'il nomma Black Hand, ou « Main noire », dont le corps blanc était tacheté de noir.

Le nom du poulain est à attribuer au motif de points noirs, sur les flancs, qui formaient une main. Ce sont ces marques inhabituelles qui donnèrent au propriétaire l'idée de fonder le club des poneys des Amériques. Il croisa le poulain avec des juments appaloosa, et établit un standard strict.

Le poney ne devait pas mesurer moins de 1,10 m et plus de 1,30 m. Il devait avoir la tête concave de l'arabe, le corps musclé du quarter horse et les marques distinctives de l'appaloosa, visibles à une distance de 12 m.

La race, conçue pour l'équitation enfantine, même si elle pouvait être utilisée en attelage pour les adultes, ne cessa de se développer – dans tous les sens du terme. Le nombre d'enregistrements s'accrut de 40 000 individus entre 1954, date de celui de Black Hand, et 1996, et la taille standard, rehaussée à 1,15-1,35 m en 1963, s'élève à 1,40 m depuis 1985.

Avec l'apport de sang welsh, mustang et de poney indien, le poney des Amériques prit bientôt l'allure d'un petit cheval, tout en conservant son charme et toutes ses qualités.

**Ci-contre :** *Le poney des Amériques est issu du croisement entre un étalon shetland et une jument appaloosa.*

PONEYS DU MONDE

À gauche : *Le mini-shetland, de plus en plus populaire, ne doit pas dépasser la taille de 90 cm au garrot.*

À droite : *Ces adorables shetlands miniatures présentent déjà la tête distinguée de la race, qui caractérise leur intelligence.*

En bas à droite : *La nature rustique du shetland s'est forgée dans le milieu hostile de son pays natal.*

Ci-dessous : *L'engouement suscité aux États-Unis par les shetlands, surtout les miniatures, y a engendré la création d'une lignée distincte.*

« La résistance de la race indigène des îles Shetland est légendaire, de même que sa force, avec laquelle ne rivalise aucun autre équidé. »

## PONEYS DU MONDE

**Ci-dessus :** *Le stud-book de la race welsh est partagé en quatre sections, A et B pour les poneys, C et D pour les cobs.*

**En haut, à gauche :** *Les ancêtres du welsh mountain lui ont appris à se contenter d'une maigre pâture.*

**Double page précédente :** *Le welsh mountain est sans doute le plus prisé du monde par les jeunes cavaliers.*

**Ci-contre :** *Le poney welsh ne doit pas être apprécié que pour son charme ; robuste et courageux, il est également intelligent et docile.*

LE PONEY LE PLUS POPULAIRE est sans doute le welsh mountain (section A du stud-book de la race welsh), petit animal séduisant, doté d'une tête fine et concave et de grands yeux trahissant l'influence arabe. Ne dépassant pas 1,20 m au garrot, c'est une monture idéale pour les enfants.

Il est le type de base à partir duquel ont évolué les autres groupes de la race : le welsh (section B), le welsh type cob (section C) et le welsh cob (section D). Il possède de nombreux atouts. Courageux, intelligent et doux, il est aussi solide et résistant – capable de survivre avec les maigres rations des hauteurs du pays de Galles, comme ses ancêtres.

Les Romains furent les premiers à améliorer la race welsh indigène par l'apport de sang oriental. Elle bénéficia aussi de l'apport du pur-sang par l'intermédiaire de Merlin, descendant direct de Darley Arabian. Le welsh moderne doit beaucoup à l'étalon Dyoll Starlight, dont la mère était considérée comme un « arabe miniature ».

Semblable au welsh moutain, le welsh est davantage un poney d'équitation. Toisant 1,32 m au garrot, il a une allure souple, qui s'oppose au mouvement relevé du welsh mountain, tout en offrant la même robustesse et des pieds durs.

Également excellents poneys d'équitation, les welsh cobs, plus gros que les poneys, conviennent autant aux adultes qu'aux enfants. La principale différence entre les deux sections est la taille ; la section C, welsh type cob, ne doit pas dépasser 1,37 m au garrot, tandis que la section D, welsh cob, n'a pas de limite de taille supérieure. Décrit comme « le meilleur cheval de selle et d'attelage du monde », le welsh cob est issu d'un croisement entre le welsh mountain et des importations romaines. Il fut également amélioré aux XI$^e$ et XII$^e$ siècles par des andalous et peut-être des barbes. La nouvelle lignée produisit le carrossier gallois (Welsh Cart Horse), désormais éteint, et le powys cob. Aux XVIII$^e$ et XIX$^e$ siècles, des croisements avec différentes races anglaises engendrèrent le welsh cob moderne.

Version agrandie du welsh mountain – sa silhouette doit ressembler exactement à celle de la section A –, le welsh cob a une tête bien proportionnée et une bonne ossature. Intelligent, courageux et puissant, il possède aussi une grande énergie, qui le rend apte à la chasse, et le croisement avec un pur-sang produit un excellent cheval de compétition. Il est renommé pour son trot brillant, spectaculaire, ce qui explique sa popularité comme cheval d'attelage, mais il est également très prisé comme cheval d'équitation en raison de sa vitesse et de son endurance.

**Ci-dessus et en haut, à gauche :**
*Les welsh cobs ont une tête fine et une bonne ossature, qui leur permet d'exceller au trot. Le croisement avec le pur-sang donne d'excellents chevaux de compétition.*

PONEYS DU MONDE

**Double page suivante :** *Le welsh cob – section D du stud-book – est renommé comme le meilleur poney de selle et d'attelage du monde.*

La rencontre avec le ravissant poney autrichien haflinger laisse, paraît-il, un souvenir impérissable. D'ailleurs, la faveur dont jouit cet étonnant poney n'a cessé de croître, notamment dans le monde du trait.

La race est née dans le Haut-Tyrol, où une ponette indigène reçut du sang arabe en 1874. Il en résulta une race de montagne résistante, apte aux travaux agricoles, qui doit son nom au village de Hafling, dans le nord de l'Italie actuelle.

Bien que ne dépassant guère 1,40 m au garrot, le haflinger est fort pour sa taille. Sa beauté irrésistible – il porte une robe lumineuse alezane avec une crinière blanche – lui vaut d'être élevé dans une vingtaine de pays.

« *Le haflinger porte une robe alezane lumineuse, avec une crinière et une queue blanches et abondantes.* »

**Ci-dessous et ci-contre :** *Malgré sa petite taille, le haflinger est un poney puissant et robuste.*

**À gauche et à droite :** *Les Islandais considèrent leur race indigène comme un cheval, et non comme un poney, malgré sa petite taille.*

**Ci-dessous :** *Le poney islandais a cinq allures, comprenant le tölt, sorte de pas accéléré à quatre temps, qui lui permet de parcourir de longues distances.*

Les habitants de l'Islande sont fiers de leur race indigène, le poney islandais, qu'ils considèrent comme un cheval, même s'il ne dépasse guère 1,30 m au garrot. Il n'est pas né sur l'île volcanique ; on pense qu'il y fut introduit au IXe siècle par les Vikings qui s'y établirent.

Le poney islandais est très pur, notamment parce que le gouvernement du pays interdit les races étrangères depuis 930 apr. J.-C., suite aux résultats désastreux obtenus avec un apport de sang oriental. Ce petit cheval trapu a une tête volumineuse et un corps court. Aux trois allures classiques – pas, trot, galop –, l'islandais en ajoute deux bien particulières : l'amble, dans laquelle il lève et pose simultanément les deux membres d'un même côté –, et le *tölt*, allure confortable et rapide à quatre temps, sans secousses.

**Ci-dessus :** *Le fjord présente de fortes ressemblances avec l'ancien cheval de Prjevalski, notamment sa couleur isabelle, soulignée par une raie de mulet.*

Jadis prisé des bûcherons, le fjord norvégien a peut-être influencé le poney islandais, lorsque les guerriers vikings l'emportaient dans les raids à travers la Scandinavie. Il présente de grandes similitudes avec l'ancien cheval sauvage de Prjevalski, une robe isabelle soulignée par une raie de mulet et des zébrures sur les membres, ainsi qu'une crinière taillée en arc de cercle.

**En haut et en bas, à droite :**

*Le poney de la Caspienne est tout en élégance de la tête à la queue.*

BIEN QUE SA TAILLE SOIT COMPRISE entre 1 m et 1,20 m au garrot, le poney de la Caspienne est davantage un petit cheval qu'un poney. Cette ancienne race – native des environs des monts Elbrouz et de la mer Caspienne, dans l'ancienne Perse – était considérée comme éteinte jusqu'à la découverte en 1965 de quelques spécimens tirant des carrioles dans le nord de l'Iran.

« Précédant l'arabe d'environ trois mille ans
et partageant certains de ses traits en miniature,
le poney de la Caspienne est considéré
comme son "prototype". »

Considéré comme un « prototype » éloigné de l'arabe, il possède nombre de ses traits en miniature – profil concave, petites oreilles nettement découpées, vibrisses sur le chanfrein, grands yeux brillants. La race serait antérieure à l'arabe d'environ trois mille ans. De stature étroite, ce poney a des épaules fortement inclinées, un dos court, et il porte la queue très haut, comme l'arabe. Aux couleurs dominantes – bai, gris et brun – s'ajoutent le noir et le crème. Possédant une bonne ossature et des pieds ovales très solides, ce petit cheval est tout en élégance de la tête à la queue.

Intelligent, il est aussi volontaire et docile. Son aptitude exceptionnelle au saut en fait une monture idéale pour les enfants. Son action ample lui permet de rivaliser avec les chevaux ordinaires à toutes les allures, sauf le galop rapide. Sa robustesse le rend également apte à l'attelage.

Chapitre 7
# POULAINS

LES PLUS BEAUX CHEVAUX DU MONDE

# POULAINS

*Si les poulains, comme tous les bébés animaux,
séduisent par leur innocence, leurs longues jambes
frêles et chancelantes les rendent irrésistibles.*

CURIEUX ET PEU CRAINTIF, le poulain s'intéresse à tout ce qui l'entoure. Dès la naissance, il manifeste le désir d'explorer le monde qui s'offre à lui, sous l'œil vigilant de sa mère.

Lorsqu'il vit en liberté, il doit se lever dès la naissance, en chancelant, sur ses jambes frêles, le risque d'une menace, d'un prédateur, étant omniprésent. Quoi de plus tentant que la chair bien tendre d'un poulain ? Malgré la domestication, les chevaux sont toujours confrontés à cette nécessité, et le premier geste de n'importe quelle mère consiste à encourager sa progéniture à se mettre debout.

Le nouveau-né tient très vite sur ses jambes, généralement au bout d'une heure, même s'il titube dangereusement, tandis que sa mère inquiète le lèche de la tête aux pieds, pour le laver et stimuler la circulation sanguine. Une fois debout, il doit se nourrir ; la première giclée de lait maternel, le colostrum, est vitale. En effet, il contient des anticorps essentiels, qui permettent au poulain d'éliminer le méconium – excréments accumulés dans l'intestin pendant la vie intra-utérine. Il doit boire au moins un litre de colostrum au cours des six heures suivant la naissance. Les chevaux et les poneys donnent rarement naissance à plus d'un poulain à la fois. Les éleveurs essaient d'éviter les naissances gémellaires, préférant avoir un seul poulain en bonne santé. Les jumeaux survivent rarement à l'état sauvage.

La période de février à juin, ou saison de la monte, est la plus favorable aux accouplements, à une bonne alimentation et à la naissance, onze mois plus tard, de foals qui, avec leur mère, profiteront des avantages du printemps suivant.

**Pages précédentes, à gauche :** *Un jeune quarter horse suit en toute confiance sa mère palomino.*

**Pages précédentes, à droite :** *Ce ravissant poulain welsh représente à merveille la beauté irrésistible de la race.*

**Ci-dessus :** *Les juments protègent jalousement les foals.*

**Page de droite, en haut :** *Les longues jambes frêles et chancelantes des foals ne cesseront jamais de nous émouvoir.*

**Ci-contre :** *Ce jeune exmoor présente déjà le bout du nez blanc typique de la race.*

Le foal se nourrit parfois jusqu'à l'âge de six mois avec le lait maternel. Il développe rapidement ses apprentissages. Peu de temps après s'être mis debout, il sait marcher et s'alimenter. Il s'initie bientôt au petit galop et appelle sa mère. Celle-ci lui enseigne la stratégie de la fuite, commune à tous les chevaux et poneys, pour échapper au danger.

Pendant la première heure de l'existence du foal, se crée un lien intime et réciproque avec la mère, que rien ne doit compromettre. Ce lien est si fort que si la jument et le foal sont séparés accidentellement, ils déploient tous les efforts pour se retrouver, en dépit des obstacles, mettant même parfois leur vie en danger.

Le poulain dépend entièrement de sa mère pendant les premières semaines de sa vie, gagnant en courage et en indépendance à mesure qu'il forcit.

Au sein du troupeau, il prend rapidement conscience de l'ordre hiérarchique, de ses droits et de ses devoirs. En grandissant avec des congénères de tous les âges, y compris l'étalon dominant, le jeune poulain découvre tous les aspects de la vie sociale, notamment la discipline. Il est accepté dans la mesure où il connaît la place qui lui est dévolue, les aînés lui inculquant une discipline à la fois sévère et équitable.

**Ci-dessus :** *Ce foal trakehner arbore une grande étoile blanche et une robe baie.*

**Ci-dessus, à droite :** *Une jument et un étalon alezans donnent toujours naissance à un foal alezan, comme ce jeune arabe.*

> « Les foals de races exclusivement grises naissent toujours avec une robe brune ou noire, couleur qui change avec l'âge. »

**Ci-contre :** *La couleur distinctive de ce foal est courante chez les poneys highland, dont la robe se décline dans toutes les nuances de gris, y compris le souris, jusqu'au bai et au noir.*

Les foals naissent de toutes les couleurs – le joli spécimen louvet (page ci-contre) arbore l'une des couleurs les plus communes du poney highland, dont la robe se décline aussi dans toutes les nuances de gris, y compris le souris, jusqu'au bai et au noir. Le petit arabe alezan (ci-dessus) reproduit la couleur de sa mère, tandis que la robe baie du jeune trakehner (en haut à gauche) se détache sur celle, brun foncé, de sa mère.

Les couleurs de la naissance sont toutefois trompeuses. Les foals de races exclusivement grises – comme le camargue (chapitre 1) ou le célèbre lipizzan (chapitre 4) – naissent toujours avec une robe brune ou noire, couleur qui change avec l'âge. C'est pourquoi les catalogues de vente, notamment ceux des pur-sang, les décrivent parfois comme bai/brun/gris.

Du point de vue de la génétique, le gris est considéré comme la couleur dominante, suivi du bai, brun, noir et alezan. Le gène pour l'alezan étant récessif, l'accouplement d'un étalon alezan avec une jument alezane produira un poulain alezan – notre arabe conservera sa couleur. Cependant, un étalon bai et une jument baie peuvent donner naissance à un poulain alezan.

**En haut, à gauche :** *La robe de ce foal deviendra probablement alezan clair avec l'âge.*

**À gauche :** *Tous les deux pie, la jument et*

**Ci-dessus :** *La robe de ce cheval miniature présente de surprenants motifs. Les chevaux et poneys à robe composée sont de plus en plus populaires. Ce ravissant spécimen est pie alezan avec des taches blanches.*

« L'élevage du shetland miniature se développe depuis de nombreuses années, notamment en Grande-Bretagne. »

**Ci-dessus, à gauche :** *Ce spécimen miniature alezan ne demande qu'à être admiré.*

**Ci-dessus, à droite :** *Très prisés aux États-Unis, les équidés miniatures se déclinent dans toutes les couleurs. Ils sont désignés comme chevaux miniatures plutôt que comme poneys.*

Ce ravissant spécimen alezan (page de gauche) présente une robe de même couleur que sa maman, dont il se distingue toutefois avec son museau blanc. Ces jeunes sujets (ci-dessus) déclinent une variété de couleurs, l'un d'eux paraissant avoir hérité de la robe composée de sa mère. Il s'agit de poneys miniatures élevés aux États-Unis, que leurs adeptes considèrent comme des « chevaux » miniatures.

À ce propos, le terme de « poney », bien que relativement récent, dériverait du mot français du XVIIe siècle « poulenet », signifiant « petit poulain ».

Le cheval miniature le plus connu est sans doute le falabella d'Amérique du Sud, devenu extrêmement rare – moins de 800 spécimens seraient enregistrés dans le stud-book de la race. Ce petit cheval est originaire d'Argentine. Un autre miniature célèbre est le poney shetland. L'élevage du shetland miniature se développe depuis de nombreuses années, notamment en Grande-Bretagne. Il ne doit pas dépasser 90 cm au garrot. Ne réduisons pas toutefois ces ravissantes créatures à de simples animaux domestiques ; ce sont des équidés à part entière. Leur nature entêtée doit être parfois contrée pour qu'ils se comportent de manière sociable.

**Ci-dessus :** *Ce foal arabe déploie toute son énergie dans son action aisée et souple.*

**En haut, à gauche :** *À mesure qu'il prend confiance en lui, le foal s'éloigne de plus en plus de sa mère, mais le moindre signe de danger le ramène aussitôt vers elle.*

« *En grandissant, le poulain prend son indépendance par rapport à sa mère.* »

**Ci-contre :** *Ce foal avance en toute confiance aux côtés de sa mère à sang chaud.*

En grandissant, le poulain prend son indépendance par rapport à sa mère – s'ouvrant au monde qui s'offre à lui. S'il est né dans un troupeau, il établit rapidement des contacts avec ses pairs. Joueurs et vigoureux, les poulains s'ébattent ensemble, galopent, simulent des combats rythmés de gémissements et de ruades. Parfois féroces, ces jeux constituent pour eux un moyen de s'affirmer, de trouver leur place dans le troupeau et de tester les techniques de survie.

Si les adultes sont capables d'infliger de terribles réprimandes aux poulains, la curiosité excessive de ces derniers est généralement tolérée par les aînés, y compris par les étalons. Les oreilles rabattues ou un mouvement de la tête de la part d'un membre de la génération précédente suffisent à exprimer son désaccord. Pour approcher un membre du troupeau, le poulain adopte parfois la position de la tétée – l'encolure et le museau vers l'avant, les oreilles sur le côté –, en claquant des mâchoires. Ce comportement de soumission, visant à apaiser les aînés, est parfois repris plus tard dans la vie.

L'alimentation, les jeux et le sommeil rythment les débuts idylliques de la vie du poulain. Au bout de huit à dix jours, le foal commence à brouter l'herbe, bien qu'en quantité réduite pendant les premières semaines. Lorsqu'il dort, sa mère veille sur lui pour le protéger des dangers réels ou imaginaires.

« *L'alimentation, les jeux et le sommeil rythment les débuts idylliques de la vie du poulain.* »

**Ci-contre :** *Un jeune trakehner profite d'un moment de repos.*

LES PLUS BEAUX CHEVAUX DU MONDE

# POULAINS

**Ci-dessus :** *Ce jeune connemara semble goûter les charmes du printemps.*

**En haut, à gauche :** *Ce poulain welsh cob déploie l'allure relevée qui a fait la réputation de la race.*

**Ci-contre :** *Les taches blanches de ce jeune paint sont très représentatives de la race.*

Au fil des mois, le poulain dort moins et joue davantage, en s'éloignant de plus en plus souvent de sa mère.

Le jeu développe le sens de la coordination et de l'équilibre, affine les techniques de survie. Toutefois, au moindre danger, le poulain rejoint instinctivement sa mère, qu'il tète pour le simple plaisir.

Lorsque la mère est de nouveau gravide, elle sèvre progressivement le poulain en se montrant de plus en plus agressive à son égard à mesure que progresse la gestation.

**Ci-dessus :** *Ce jeune lusitano, l'une des nobles races ibériques, est sorti de l'enfance. Il arbore déjà les signes de la beauté qui le caractériseront à la maturité.*

À l'instar des enfants, chevaux et poneys, en grandissant, développent certaines parties de leur corps davantage que d'autres – en témoigne le petit chincoteague (à droite, en haut à gauche), à la tête et à l'encolure larges. L'adorable clydesdale (à droite, en haut à droite), à la robe fournie, ne semble pas avoir d'encolure du tout, tandis que les poils et les fanons épais, sur ses membres robustes, sont une caractéristique de la race. À l'état sauvage, si la mère du poulain n'est pas de nouveau gravide, elle continue parfois à l'allaiter jusqu'à l'âge de la puberté, entre neuf et douze mois. À l'état domestique, il est généralement sevré vers cinq ou six mois.

**Ci-dessus :** *La tête de ce petit chincoteague paraît disproportionnée par rapport à ses membres frêles et à son corps ramassé.*

**En haut, à droite :** *Ce clydesdale porte déjà des fanons sur la partie inférieure de ses membres.*

« En grandissant, le poulain dort moins et joue davantage, en s'éloignant de plus en plus souvent de sa mère. »

**Ci-contre :** *En grandissant, le poulain gagne en confiance et se risque à s'éloigner de sa mère.*

**Ci-dessus :** *La séparation avec la mère ne semble pas gêner ces poulains à sang chaud.*

**Au milieu :** *Le contact avec les congénères participe au développement du poulain.*

**À droite :** *Lorsque la jument n'est pas de nouveau gravide, elle peut allaiter son poulain jusqu'à l'âge de un an.*

**Double page précédente :** *Regroupés avec des congénères du même âge, les poulains tissent rapidement des liens.*

On pense de plus en plus que le sevrage précoce d'un poulain peut entraîner de graves préjudices sur le plan psychologique – à moins qu'il ne soit justifié par une raison comme le manque de lait de la mère. Le sevrage progressif a de plus en plus la faveur des éleveurs, selon lesquels il n'est pas nécessaire de sevrer les foals dès l'âge de six mois. La plupart des poulinières en bonne santé peuvent encore allaiter leur poulain peu de temps avant une nouvelle mise bas.

La séparation totale – visuelle et auditive – fut longtemps prônée comme le meilleur moyen de sevrage, théorie s'appuyant sur le fait que mère et petit surmontent rapidement l'épreuve. Aujourd'hui, les éleveurs considèrent cette pratique contraire à la nature et perturbante pour le reste de la vie. Elle

peut aussi avoir des répercussions plus immédiates, le poulain risquant de se blesser en essayant de s'enfuir pour rejoindre sa mère. Une méthode beaucoup plus douce est adoptée par nombre de haras – ils rassemblent des juments et des poulains du même âge pour favoriser les échanges entre les jeunes. Ensuite, ils éloignent une jument du groupe lorsqu'ils le mènent au pré. Le poulain comble alors son absence en tissant des liens avec ses semblables et avec les autres juments. Quelques jours après, c'est au tour d'une autre mère d'être isolée du groupe, et ainsi de suite jusqu'à ce que toutes les juments soient séparées de leur poulain. Les chevaux étant capables de se reproduire à l'âge de un an, du moins en théorie, les pouliches sont alors séparées de leurs homologues mâles.

Si le lien intime avec la mère ne doit pas être rompu brutalement, l'homme peut exploiter cet instinct pour que le poulain se familiarise avec lui. Lorsqu'un poulain retire du plaisir de certains gestes, comme les caresses sur le ventre et les oreilles, il sera d'autant plus facile à apprivoiser ultérieurement. Ainsi, frotter ses membres l'aidera à mieux accepter le maréchal-ferrant, le moment venu. S'il apprécie les caresses sur l'ensemble du corps, le vétérinaire pourra le soigner plus facilement. S'il s'habitue, jeune, au contact de la main sur la bouche, il acceptera mieux le mors lorsqu'il sera débourré pour être monté. Toutes ces marques d'attention doivent être toutefois administrées avec modération, les poulains manquant de patience.

**En haut à gauche et ci-dessus :**
*Comme les adolescents chez l'homme, à l'âge de la puberté, les chevaux ont besoin d'être stimulés, guidés et disciplinés. Chez les équidés domestiqués, l'éducation commence dès le plus jeune âge.*

**À droite :** *Ce jeune appaloosa arbore une superbe robe blanche ornée de taches.*

**À gauche :** *Les jeunes quarter horse conjuguent curiosité et confiance en soi.*

C'est à la nature docile et généreuse du cheval que nous devons de pouvoir changer son mode de vie en fonction de nos besoins. Nous le séparons de sa mère souvent plus tôt que ne le voudrait la nature ; en le rentrant à l'écurie, nous le coupons de son milieu ; nous réduisons son alimentation verte – l'herbe – au profit de céréales et de granulés auxquels il n'était pas destiné. Pourtant, il s'efforce toujours de nous donner satisfaction.

En domestiquant le cheval et en lui demandant de s'adapter à nos besoins, nous modelons ce merveilleux animal selon notre idéal. L'élevage des pur-sang vise à les faire grandir rapidement et courir dès l'âge de deux ans. Des techniques de plus en plus sophistiquées se développent, comme l'insémination artificielle avec de la semence fraîche, réfrigérée ou congelée – cette dernière pouvant être expédiée d'un bout à l'autre du monde, sans qu'étalons et juments ne se rencontrent. Le cheval d'aujourd'hui sera peut-être méconnaissable dans deux mille ans.

Le transfert d'embryon se pratique de plus en plus pour la reproduction des chevaux de course. L'ovule d'une jument qui a fait ses preuves en compétition peut être fécondé et implanté chez une autre poulinière qui prend en charge la gestation et l'allaitement du bébé pendant que la mère biologique continue à concourir. Le premier cheval cloné, Prométhée, est né en Italie en 2003. Quoi de plus tentant que de renouveler l'expérience ? Mais comment imaginer une vingtaine de Desert Orchid ou de Milton ? Si quinze Shergar couraient ensemble, lequel gagnerait ? Pour le puriste, ce genre de conjecture relève du cauchemar.

Si les éleveurs doivent s'efforcer de produire des équidés superbes et performants, espérons aussi qu'il existera toujours des troupeaux de chevaux qui se développeront et prospéreront comme la nature l'a voulu.

> « C'est à la nature docile et généreuse du cheval que nous devons de pouvoir changer son mode de vie en fonction de nos besoins. »

**Ci-contre :** *Démonstration d'allures par de jeunes arabes aux Écuries royales d'Abu Dhabi.*

Chapitre 8
# CHEVAUX DE TRAIT

LES PLUS BEAUX CHEVAUX DU MONDE

# CHEVAUX DE TRAIT

*« Il sert l'homme avec complaisance, il s'est battu sans inimitié,
rien n'est plus puissant, rien n'est moins violent… »
Cet extrait d'un poème aurait pu être écrit
en hommage au cheval de trait lourd et à sa loyauté.*

Ces quelques lignes extraites d'un superbe poème anglais sur le cheval décrivent à la perfection nos nobles coursiers, et elles pourraient s'appliquer aux chevaux de trait lourd, qui furent produits à l'origine pour le combat.

L'un des plus connus et des plus remarquables, le shire, figure parmi les plus grands équidés du monde, toisant 1,80 m au garrot. Associant puissance et agilité, le shire descendrait du « grand cheval noir anglais » ou « grand destrier du Moyen Âge ».

Au XIV$^e$ siècle, cent étalons introduits de Lombardie dans le nord de l'Europe furent croisés avec des juments d'origine anglaise pour produire un cheval lourd et puissant. Il devait être suffisamment robuste pour porter un chevalier en armure et un armement lourd, mais assez agile pour se mouvoir dans la bataille. Le chevalier le montait juste avant d'engager le combat, l'écuyer le menant par la bride jusqu'au champ de bataille.

## CHEVAUX DE TRAIT

Bien que puissants, ces chevaux n'étaient pas aussi gros que le shire actuel, et à mesure que s'accrut la demande pour un animal de trait robuste, destiné aux travaux agricoles, le « grand cheval noir » fut amélioré par l'apport de sang flamand et, plus tard, frison. Produite dans les Midlands, au centre de l'Angleterre, par les disciples de Robert Bakewell (1725-1795), la race prit le nom de Bakewell Black. Elle fut ensuite croisée avec des pur-sang qui augmentèrent sa taille et, avec l'apparition de couleurs autres que le noir (« black »), la race fut rebaptisée carrossier anglais en 1878.

L'étalon fondateur du shire moderne est le « cheval aveugle de Packington », qui vécut de 1755 à 1770 dans le Leicestershire, et qui apparut dans le premier stud-book de la Société des carrossiers anglais en 1878. L'organisation fut rebaptisée en 1884 Société du cheval shire, nom signifiant « comté », qui reflète les origines de la race, dans les terres nobles du centre de l'Angleterre.

Un élevage diligent améliora la qualité de la race, qui devint très prisée, tant en Angleterre qu'aux États-Unis. En 1885 fut fondée l'Association américaine du shire. Le cheval gagna en renommée et en valeur, et son avenir semblait assuré. Pendant la crise de 1929, les poulains shire furent surnommés les « payeurs de loyers ». Toutefois, le développement de la mécanisation entraîna la quasi-extinction de la race après la Seconde Guerre mondiale, en 1947-1948. Cent mille sujets furent alors abattus, et le nombre de naissances annuelles se réduisit à quatre-vingts.

**Ci-contre :** *Connu à l'origine sous le nom de « grand cheval noir anglais », le shire doit son nom aux comtés, ou* shires, *qui l'ont vu naître, au centre de l'Angleterre.*

**Pages précédentes :** *Toujours utilisé pour tirer les haquets des brasseurs, le shire, l'un des chevaux de trait les plus connus, se distingue par sa tête noble, son nez convexe et son regard bienveillant.*

CHEVAUX DE TRAIT

Ci-dessus : *Une jument et son poulain shire au New England Shire Center, en Floride, où la race jouit d'une grande renommée.*

Ci-contre, en haut et en bas : *La puissance et la robustesse du shire cachent une nature douce, qui lui a valu le surnom de « gentil géant » par les Anglais.*

Grâce aux efforts d'éleveurs dévoués, le shire fut sauvé de l'extinction, et il a connu un regain d'intérêt au cours des cinquante dernières années. La race étonne autant par sa taille – toisant jusqu'à 1,90 m au garrot – que par sa robustesse, alliée à ses aptitudes physiques – le shire croisé avec un pur-sang excelle au saut d'obstacles. Sa tête fine, empreinte de noblesse, se termine par un nez convexe, tandis que ses grands yeux doux dénotent l'intelligence.

Le shire présente une encolure relativement longue pour un cheval de trait, une poitrine large et puissante, un passage de sangle profond et un dos court, avec des épaules bien musclées. Ses membres, à l'ossature puissante et solide, portent de longs fanons abondants au niveau des canons. Il existe encore de nombreux shires à robe noire, réminiscence probable des origines de la race, mais les sujets bruns, bais et gris sont également courants, avec des marques blanches. Le stud-book de la race n'accepte pas l'alezan ni le rouan chez les étalons, même si cette dernière couleur est admise chez les juments, souvent plus petites et plus « féminines ». Le shire a la faveur des Anglais, qui le surnomment le « gentil géant ». Il tire toujours les tonneaux de bière à des fins publicitaires et se laisse volontiers admirer dans les concours d'allures.

Ci-dessus : *Ce superbe étalon, aux belles proportions, est représentatif de la race avec sa tête fine, empreinte de noblesse.*

Ci-contre : *Cette jument shire arbore des fanons abondants, typiques de la race.*

« Sa tête fine, empreinte de noblesse, se termine par un nez convexe, tandis que ses grands yeux doux dénotent l'intelligence. »

LES PLUS BEAUX CHEVAUX DU MONDE

Pages précédentes et ci-contre, à gauche : *Le clydesdale trahit l'apport de sang shire, introduit au XIXe siècle, mais sa tête, plus fine, présente un profil droit, et non le nez convexe du shire.*

« *Le clydesdale est connu pour sa vivacité, pour ses allures actives et relevées, qui le distinguent des autres chevaux de trait.* »

Ci-contre, à droite : *Les longs membres élégants du clydesdale autorisent des allures actives, le distinguant des autres chevaux de trait.*

L E CLYDESDALE PEUT ÊTRE considéré comme une version réduite du shire, son plus proche cousin. Originaire, comme son nom l'indique, de la vallée de la Clyde, en Écosse, il est issu du croisement d'une souche indigène rustique avec des chevaux flamands.

238

**Ci-dessus :** *Aux couleurs dominantes du clydesdale – bai, alezan, gris et noir – s'ajoutent le rouan et le pie, comme chez ce spécimen.*

**En haut, à gauche :** *Le clydesdale est très populaire aux États-Unis ; ces jeunes sujets sont photographiés dans un haras en Floride.*

**Ci-contre :** *Le clydesdale affiche souvent des marques blanches sur la face, les membres et le ventre.*

**Double page suivante :** *Une jument et son poulain clydesdale – celui-ci possède déjà les prémices des fanons sur les paturons.*

Au XIXe siècle, des apports de sang shire améliorèrent la race, introduit *via* des juments par deux éleveurs, Lawrence Drew et David Liddell, convaincus que le clydesdale et le shire constituaient deux branches de la même race.

Malgré de fortes ressemblances entre les deux races, comme la taille, le clydesdale est plus léger et plus élégant que le shire, en raison de ses longs membres, peu courants chez un cheval de trait. Il présente une tête plus fine, au profil droit, et une encolure plus longue. Atteignant 1,65 m au garrot, il est apprécié pour ses membres solides et ses pieds sûrs.

Le premier stud-book de la Société du clydesdale, en 1878, le définissait par « sa vivacité, ses allures actives et relevées, le distinguant des autres chevaux de trait ».

Fondée en 1877, la société enregistra mille étalons dans son premier stud-book. Une société fut créée un an après aux États-Unis, où la race est toujours très populaire. Le clydesdale est également connu comme « la race qui bâtit l'Australie ». Malheureusement, il figure aujourd'hui parmi les espèces en danger en Grande-Bretagne.

**Ci-contre :** *Jeune punch du Suffolk. Tous les membres de cette race remontent au même étalon, le cheval d'Ufford, appartenant à Thomas Crisp.*

**Ci-dessous :** *Jeune punch du Suffolk sous la protection de sa mère.*

**En bas, à droite :** *Tous les punchs du Suffolk sont alezans, les marques blanches étant rares.*

Originaires de l'est de l'Angleterre, les punchs du Suffolk actuels descendent d'un même étalon, le cheval d'Ufford, de Thomas Crisp, né en 1768. La société représentant la race est la plus ancienne de toutes, de même que le stud-book.

Toujours alezan, le punch du Suffolk se distingue par l'absence de fanons sur les membres, qui le rend apte aux travaux agricoles.

Toisant entre 1,60 et 1,65 m au garrot, ce cheval compact et robuste se contente d'une nourriture frugale. Sa tête noble et large est plantée sur une encolure puissante et un corps trapu, porté par des membres courts et secs.

Ce petit cheval très séduisant figure malheureusement sur la liste des espèces menacées en Grande-Bretagne.

> « Le punch du suffolk possède le plus ancien stud-book de tous les chevaux de trait. »

La Belgique est fière, à juste titre, de son cheval de trait lourd, le brabant, ou brabançon. Connu jadis sous l'appellation de cheval des Flandres, il a largement contribué au développement des chevaux de trait européens – shire, clydesdale, punch du Suffolk et trait irlandais (chapitre 4).

Comme son proche parent l'ardennais, le brabant était très apprécié de Jules César pour sa robustesse et son esprit de coopération. Au fil du temps, les Belges résistèrent à la tentation de produire des chevaux plus légers pour la cavalerie, préservant jalousement leur cheval de trait, idéal pour les travaux agricoles.

Vers la fin du XIX$^e$ siècle, la race – parfois dénommée trait lourd belge – se subdivisa en trois groupes différents : les Gros de la Dendre, lourds et massifs ; les Gris de Nivelles et du Hainaut, aux lignes harmonieuses et racées ; les Colosses de la Méhaigne, les plus grands, réputés pour leur force dans le dos et les reins. Vestige des ancêtres de la race, la robe de couleur rouanne est toujours répandue, de même que l'alezan – le bai, l'isabelle et le gris se rencontrant également. D'une robustesse et d'une endurance remarquables, le brabant présente un corps compact, un dos court et des membres solides portant quelques fanons. Sa tête fine est relativement petite pour un cheval de trait toisant entre 1,65 et 1,70 m au garrot. Ses allures dénuées d'élégance conviennent parfaitement aux travaux agricoles, notamment dans les terrains argileux. Le brabant est également renommé pour son tempérament doux et agréable.

Peu connu en Europe, le brabant est très apprécié des Américains, qui ont amélioré la race dans le sens du raffinement.

*À gauche, en haut : Le brabant possède une tête relativement fine et petite pour un cheval de trait.*

*À droite : Le brabant, ou cheval de trait belge, est un cheval puissant et massif, au tempérament doux et agréable.*

*À gauche, en bas : Une jument brabant et son foal sur leur terre d'origine, la Belgique, où la race fut développée pour travailler les sols lourds, argileux.*

## CHEVAUX DE TRAIT

*« Le brabant était apprécié de Jules César pour sa force et son esprit coopératif. »*

**À gauche et ci-dessus :** *Représentant la race à merveille, cette jument brabant porte une robe alezan clair, avec une crinière et une queue blanches. Elle est photographiée dans un haras du Texas, où la race est très prisée, comme dans le reste des États-Unis.*

Relativement récent, le trait néerlandais fut développé en 1918 à partir du brabant, cheval de trait belge. Ce cheval massif est réputé pour sa force, très précieuse pour travailler les sols argileux et sablonneux des Pays-Bas.

Cet animal intelligent est également apprécié pour sa nature douce et coopérative. Toisant 1,70 m au garrot, il est très actif pour sa taille. Il présente des ressemblances avec le brabant ainsi que l'ardennais belge, qui participa à la production de la race. En dépit de sa corpulence, sa tête est bien conformée, et son œil bienveillant révèle son tempérament aimable.

Il se caractérise par une encolure courte, des épaules puissantes, un dos large et fort. Sa queue est attachée bas sur une croupe musclée ; ses membres courts et robustes sont recouverts de fanons noirs. La robe se décline dans les couleurs alezan, bai, gris et rouan.

# CHEVAUX DE TRAIT

**Ci-dessus :** *Le corps massif du trait néerlandais cache une nature douce et coopérative.*

**En haut, à droite :** *Le trait néerlandais se distingue par l'abondance de ses fanons noirs.*

**Ci-contre :** *Ce jeune possède déjà l'encolure courte et puissante typique de la race.*

**Ci-dessus et à droite :** *Le percheron ne manque pas de grâce avec ses allures longues, lentes et dégagées.*

**Ci-contre :** *Apprécié dans le monde entier, le percheron a été exporté au Canada, aux États-Unis, en Australie, en Afrique du Sud et au Japon.*

AUSSI INSOLITE QUE CELA puisse paraître chez un cheval de trait, du sang arabe a largement participé au développement du percheron. Sans doute des chevaux vivaient-ils dès l'âge glaciaire dans la région du Perche – qui a donné son nom à la race –, en Normandie. On suppose que l'apport de sang oriental aurait eu lieu après la Première Croisade, à la fin du XI$^e$ siècle.

Principal centre d'élevage du percheron, le célèbre haras du Pin importa en 1760 des étalons arabes, dont deux spécimens, Godolphin et Gallipoly, influèrent particulièrement sur la race. C'est sans doute à cette influence que le percheron doit sa grande élégance, pour un cheval de trait, notamment sa tête fine, légèrement concave, ses yeux écartés et intelligents. Le plus souvent gris – couleur arabe –, parfois noir, le percheron se distingue par ses allures longues et lentes.

C'est l'une des plus grandes races de chevaux de trait du monde – le plus grand spécimen, Dr Le Gear, était un percheron toisant 2,10 m au garrot !

« C'est à l'influence arabe que le percheron doit sa grande élégance, qui le distingue des autres races de trait. »

À gauche : *Généralement gris – couleur arabe –, le percheron peut être également noir.*

À droite : *La tête fine et distinguée du percheron dénote l'influence arabe.*

# GLOSSAIRE

AIRS RELEVÉS mouvements de la Haute École, dans lesquels les antérieurs du cheval, ou les antérieurs et les postérieurs, quittent le sol.

ALEZAN robe simple aux poils et crins de la même couleur marron clair.

ARRIÈRE-MAIN partie du cheval située derrière le cavalier en selle : croupe et membres postérieurs.

AVANT-MAIN partie du cheval située devant le cavalier en selle : tête, encolure, membres antérieurs, jusqu'au garrot.

BAI qualifie la robe aux poils marron-rouge, les crins et les extrémités des membres étant noirs.

CARROSSIER cheval d'attelage de grande taille, de type intermédiaire entre les chevaux de selle et de trait.

CHANFREIN partie plane de la face du cheval, entre le front et le bout du nez.

COB type de cheval entre le cheval de selle et le cheval de trait.

CROISEMENT apport de sang d'une race différente pour améliorer ou développer une autre race.

ENTIER qualifie le cheval mâle non castré.

ÉTALON cheval mâle non castré âgé de plus de quatre ans.

FANONS longs crins soyeux sur les boulets, généralement chez les chevaux de trait et certaines races de poneys.

FOAL poulain non encore sevré.

ISABELLE qualifie la robe aux poils jaune clair, les crins étant noirs.

HONGRE cheval mâle castré.

JUMENT femelle de plus de quatre ans.

LOUVET qualifie la robe composée de poils café-au-lait mêlés de noir.

MONTE accouplement d'un étalon et d'une jument. On dit aussi saillie.

PIE couleur de robe noir et blanc ou alezan et blanc.

POULAIN cheval âgé de dix-huit mois à trois ans.

POULICHE femelle âgée de dix-huit mois à trois ans.

POULINIÈRE jument utilisée pour la reproduction.

PUR-SANG cheval dont les parents appartiennent tous les deux, et depuis des générations, à la même race. Par extension, on qualifie le pur-sang anglais de « pur-sang ».

RACE groupe d'équidés partageant des caractéristiques communes.

RAIE DE MULET raie foncée courant le long de la colonne vertébrale, du garrot à la croupe, généralement sur une robe isabelle.

ROBE couleur d'un cheval, définie par celles des poils et des crins. Peut être simple ou composée.

ROUAN qualifie la robe composée de poils noirs, blancs et marron-rouge.

SAILLIE voir monte.

SANG CHAUD expression désignant les chevaux de selle et de course.

SANG FROID expression désignant les chevaux lourds, de trait.

STUD-BOOK livre généalogique d'une race établi par la société qui la gère.

VIBRISSES longs poils tactiles des lèvres, du menton, des paupières.

YEARLING poulain sevré, jusqu'à l'âge de dix-huit mois.